*Os desafios da escrita*

FUNDAÇÃO EDITORA DA UNESP

*Presidente do Conselho Curador*
Mário Sérgio Vasconcelos

*Diretor-Presidente*
Jézio Hernani Bomfim Gutierre

*Superintendente Administrativo e Financeiro*
William de Souza Agostinho

*Conselho Editorial Acadêmico*
Danilo Rothberg
Luis Fernando Ayerbe
Marcelo Takeshi Yamashita
Maria Cristina Pereira Lima
Milton Terumitsu Sogabe
Newton La Scala Júnior
Pedro Angelo Pagni
Renata Junqueira de Souza
Sandra Aparecida Ferreira
Valéria dos Santos Guimarães

*Editores-Adjuntos*
Anderson Nobara
Leandro Rodrigues

Roger Chartier

*Os desafios da escrita*

Tradução
Fulvia M. L. Moretto

© 2002 Roger Chartier

© 2002 da tradução brasileira:

Fundação Editora da UNESP (FEU)
Praça da Sé, 108
01001-900 – São Paulo – SP
Tel.: (0xx11) 3242-7171
Fax: (0xx11) 3242-7172
www.editora.unesp.br
www.livrariaunesp.com.br
atendimento.editora@unesp.br

Dados Internacionais de Catalogação na Publicação (CIP)
(Câmara Brasileira do Livro, SP, Brasil)

Chartier, Roger
Os desafios da escrita / Roger Chertier; tradução de Fúlvia M. L. Moretto. – São Paulo: Editora UNESP, 2002.

Bibliografia.
ISBN 85-7139-390-7

I. Comunicação escrita e impressa   2. Escrita   3. Escritores e editores   4. Leitura   5 Livros e leitura   II. Título.

02-1423                                                               CDD-302.2244

Índices para catálogo sistemático:
1. Escrita: Comunicação: Sociologia   302.2244
2. Cultura escrita: Comunicação: Sociologia   302.2244

Editora afiliada:

## Sumário

7   Apresentação

11  Línguas e leituras no mundo digital

33  Dom Quixote na tipografia

61  A mediação editorial

77  O manuscrito na era do texto impresso

101 Morte ou transfiguração do leitor?

125 Referências bibliográficas

# Apresentação

Este livro nasceu das conferências que pronunciei em maio de 2001 na 10ª Bienal Internacional do Livro do Rio de Janeiro, a convite da Universidade do Livro, da Fundação Editora UNESP. Ele inicia e termina com dois ensaios dedicados às principais mutações que a entrada na era do texto e do mundo digitais impõe às relações que mantemos com a cultura escrita. As transformações das práticas de leitura, as novas modalidades de publicação, a redefinição da identidade e da propriedade das obras, ou o imperialismo linguístico estabelecido sobre a comunicação eletrônica são todos pontos da maior importância em nossa época.

Há diferentes maneiras de abordá-los: a descrição das técnicas, a economia da edição, a sociologia das práticas, a análise dos processos cognitivos. Minhas próprias competências levam-me a situar os diagnósticos das transformações contemporâneas numa história de longa duração da cultura escrita. Assim se explica a presença nesta obra, entre os dois capítulos consagrados aos desafios do texto eletrônico, de três ensaios que são meandros históricos destinados a nos trazer de volta ao presente. Seguir Dom Quixote – e Cervantes – numa antiga tipografia significa lembrar como se formaram as práticas editoriais e literárias que, até seu questionamento por uma nova forma de composição e de transmissão dos textos, governaram a relação dos leitores com as obras impressas. Insistir na importância que manteve o manuscrito após a invenção de Gutenberg é uma forma de lembrar que as novas técnicas não apagam nem brutal nem totalmente os antigos usos, e que a era do texto eletrônico será ainda, e certamente por muito tempo, uma era do manuscrito e do impresso. Encontrar os diversos papéis desempenhados por aqueles que editaram as obras e pelos que fabricaram os livros durante os três primeiros séculos da imprensa significa colocar o problema de suas redistribuições no mundo digital e iniciar uma reflexão sobre a diferença entre comunicação e edição eletrônicas.

Os ouvintes das conferências, que foram também ativos interlocutores, se surpreenderão talvez por não encontrarem neste livro alguns dos temas que foram abordados na ocasião e, em contrapartida, por descobrirem novos temas. A decisão é deliberada e visa apresentar aos leitores brasileiros novas reflexões, remetendo-os via questões mais clássicas aos textos que já publiquei em português, no que se refere às revoluções da leitura ou à construção histórica da figura do autor.[1]

A tarefa dos historiadores não é profetizar a história. Enganaram-se eles com tanta frequência ao aventurar-se a tal exercício que acabaram se tornando prudentes. O olhar voltado para trás tem outra função: ajudar a compreender quais são os significados e os efeitos das rupturas que implicam os usos, ainda minoritários e desiguais, mas a cada dia mais vencedores, de novas modalidades de composição, de difusão e de apropriação do escrito. Entre as lamentações nostálgicas e os entusiasmos ingênuos suscitados pelas novas tecnologias, a perspectiva histórica pode traçar um caminho mais sensato, por ser mais bem informado. É esse caminho que este pequeno livro convida o leitor a percorrer.

---

[1] Em relação a este tema, ver meus ensaios "Figuras de autor", em Chartier (1994b); "Introdução", em Cavallo & Chartier (1998); "As revoluções da leitura no Ocidente", em Chartier (2000), e meu livro *A aventura do livro. Do leitor ao navegador* (1998).

# Línguas e leituras no mundo digital[1]

*"If English was good enough for Jesus,
it ought to be good enough for the children of Texas."*
(Sentença atribuída a Miriam Ferguson,
ex-governadora do Texas)

---

Gostaria de iniciar esta reflexão sobre as línguas na época da textualidade eletrônica com duas "fábulas", como escreve seu autor. A primeira indica a duradoura nostalgia diante da perda da unidade linguística; a segunda apresenta a inquietante figura de sua utópica restauração.

Em "O congresso", que Borges publicou em *O livro de areia* em 1975, um certo Alejandro Ferri, que, como ele mesmo, escreveu um ensaio sobre o

---

[1] Conferência proferida em 20 de maio de 2001 durante a 10ª Bienal do Livro do Rio de Janeiro.

idioma analítico de John Wilkins, está encarregado de identificar a língua que deveriam ter usado os participantes do Congresso do Mundo "que representaria todos os homens e todas as nações". Para documentar-se, os instigadores de tal projeto, cuja assembleia na Confitería del Gas é presidida por Dom Alejandro Glencoe, um estancieiro uruguaio, mandam Alejandro Ferri a Londres. Relata ele desta maneira suas investigações:

> Hospedei-me em uma módica pensão atrás do Museu Britânico a cuja biblioteca ia pela manhã e à tarde, à procura de um idioma que fosse digno do Congresso do Mundo. Não negligenciei as línguas universais; tomei conhecimento do esperanto – que o Lunário sentimental qualifica como "equitativo, simples e econômico" – e do volapuque que deseja explorar todas as possibilidades linguísticas, declinando os verbos e conjugando os substantivos. Considerei os argumentos, a favor e contra, de ressuscitar o latim, cuja nostalgia não cessou de perdurar após tantos séculos. Mesmo assim, detive-me no exame do idioma analítico de John Wilkins, em que a definição de cada palavra está nas letras que formam. (Borges, 1977a)

Alejandro Ferri considera sucessivamente os três tipos de línguas capazes de superar a infinita diversidade das línguas formais: em primeiro lugar, as línguas artificiais inventadas nos séculos XIX e XX, como o esperanto e o volapuque, que devem assegurar a compreensão e a concórdia entre os povos (Rasmussen, 1996); em segundo, a volta a uma língua que possa desempenhar o papel de um veículo universal da comunicação, como fez o latim, e, por fim, as línguas formais que prometem, como o propôs em 1668 o *"philosophical language"* de John Wilkins, uma perfeita correspondência entre as palavras, nas quais cada letra é significativa e as categorias, espécies e elementos. Em seu ensaio sobre John Wilkins, publicado em 1952 em *Outras inquisições*, Borges dá um exemplo dessa língua perfeita: *"de* quer dizer elemento, *deb*, o primeiro dos elementos, o fogo; *deba*, uma porção do elemento fogo, uma chama" (1977c). Assim, cada palavra define-se a si mesma e o idioma é uma classificação do universo.

Finalmente, as investigações de Ferri revelam-se inúteis. Reunir um Congresso do Mundo era uma ideia absurda porque esse congresso já existe: é o próprio mundo, como o reconhece Dom Alejandro:

> Demorei quatro anos para compreender o que lhes digo agora. A empreitada que iniciamos é tão vasta que abarca – agora o sei – o mundo inteiro. Não são alguns charlatães que se atordoam nos galpões de uma estância perdida. O Congresso do Mundo começou com o primeiro instante do mundo e continuará quando formos pó. Não há um único lugar em que não esteja.

Assim, a busca de um idioma universal é uma ideia inútil, já que o mundo está constituído por uma irredutível diversidade de lugares, coisas, indivíduos e línguas.

Tentar eliminar uma semelhante multiplicidade significa traçar um porvir inquietante. Em

"Utopia de um homem que está cansado", publicado também n'*O livro de areia*, o mundo dos tempos futuros, no qual o narrador se perdeu, voltou à unidade linguística. O visitante do futuro, Eudoro Acevedo, que é professor de letras inglesas e americanas, escritor de contos fantásticos e que tem seu escritório instalado na Rua México, não sabe como se comunicar com o homem alto que encontra na planície: "Tentei diversos idiomas e não nos entendemos. Quando ele falou, o fez em latim. Juntei minhas já longínquas memórias de colegial e preparei-me para o diálogo". Diz-lhe o homem: "Pela roupa, vejo que vens de outro século. A diversidade das línguas favorecia a diversidade dos povos e também das guerras; a terra voltou ao latim. Alguns temem que volte a degenerar em francês, em limusino ou em papiamento,[2] porém o risco não é imediato" (Borges, 1977c).

O mundo do futuro, em que não existe mais de uma única língua, é também o mundo do esquecimento, sem museus, sem bibliotecas, sem livros: "A imprensa, agora abolida, foi um dos piores males do homem, já que procurou multiplicar até a vertigem textos desnecessários", diz o homem sem nome ("Disseste-me que te chamas Eudoro; eu não posso dizer-te como me chamo porque me chamam alguém"). O retorno à unidade linguística significa, assim, a perda da história, o desaparecimento das identidades e, final-

---

2 Língua crioula de Curaçao. (N. T.)

mente, a destruição aprovada. Saindo da casa com seus moradores, Eudoro Acevedo descobre um edifício inquietante: "Percebi uma espécie de torre, coroada por uma cúpula. É o crematório – disse alguém. Dentro há a câmara letal. Dizem que foi inventada por um filantropo cujo nome, creio, era Adolf Hitler". A utopia de um mundo sem diferenças, sem desigualdades, sem passado acaba em uma imagem de morte. Comentando no "Epílogo" os diversos contos reunidos em *O livro de areia*, Borges indica que a fábula do homem cansado é "a peça mais honesta e melancólica da série" – melancólica talvez porque tudo o que nas utopias clássicas parece prometer um futuro melhor, sem guerras, sem pobreza nem riqueza, sem governo nem políticos ("Os políticos tiveram de procurar profissões honestas; alguns foram bons comediantes, ou bons curandeiros") conduz à perda daquilo que define os seres humanos em sua humanidade: a memória, o nome, a diferença.

Essas diferentes lições borgianas não precisam de pertinência para nos fazer entender nosso presente. De fato, como pensar a língua desse novo "congresso do mundo" tal como é construído pela comunicação eletrônica? Sua possível universalidade é remetida às três formas de idiomas universais encontradas por Alejandro Ferri na British Library. A primeira, que é a mais imediata e evidente, vincula-se ao domínio de uma língua particular, o inglês, como língua de comunicação universalmente aceita, dentro e fora da mídia eletrônica, tanto para as publicações científicas quanto para os intercâmbios informais da rede. Ela é usada também no controle, por parte das empresas multimídias mais poderosas – isto é, americanas –, do mercado das bases de dados numéricos, dos *web sites* ou da produção e difusão da informação. Como na utopia aterrorizante imaginada por Borges, tal imposição de uma língua única e do modelo cultural que traz consigo pode conduzir à destruição mutiladora das diversidades.

Essa nova colocação da *"questione della lingua"*, como diziam os italianos do Renascimento, de Pietro Bembo a Baldassare Castiglione, que se relaciona com o domínio do inglês, não deve, porém, ocultar duas outras inovações da textualidade eletrônica.

Por um lado, o texto eletrônico reintroduz na escrita alguma coisa das línguas formais que buscavam uma linguagem simbólica capaz de representar adequadamente os procedimentos do pensamento. Era assim que Condorcet chamava a atenção, em *Esquisse d'un tableau historique des progrès de l'esprit humain* (1988), para a necessidade de uma língua comum, apta a formalizar as operações do entendimento e os raciocínios lógicos e que fosse traduzível em cada língua particular. Essa língua universal deveria ser escrita mediante signos convencionais, símbolos, quadros e tabelas, todos esses "métodos técnicos" que permitem captar as relações entre os objetos e as operações cognitivas (Chartier, 1996a). Se Condorcet vinculava estreitamente o uso dessa língua universal à invenção e à difusão da imprensa no mundo contemporâneo, é em relação com a textualidade eletrônica que se esboça um novo idioma formal imediatamente decifrável por todos. É o caso da invenção dos símbolos, os *emoticons*, como se diz em inglês, que utilizam de maneira pictográfica alguns caracteres do teclado (parênteses, vírgula, ponto e vírgula, dois pontos) para indicar o registro de significado das palavras: alegria :- ) tristeza :-( ironia ;-) ira :-@ ... ilustram a procura de uma linguagem não verbal e que, por essa mesma razão, possa permitir a comunicação universal das emoções e o sentido do discurso.

Por outro lado, é possível dizer que o inglês da comunicação eletrônica é mais uma língua artificial, com vocabulário e sintaxe próprios, do que uma língua particular elevada, como foi antes o latim, à categoria de língua universal. De uma forma mais encoberta do que no caso das línguas inventadas no século XIX, o inglês, transformado em "língua franca" eletrônica, é uma espécie de língua nova que reduz o léxico, simplifica a gramática, inventa palavras e multiplica abreviaturas (do tipo *I ❤ you*). Essa ambiguidade própria de uma língua universal que, por sua vez, tem como matriz uma língua já existente e impõe convenções originais possui três consequências.

Em primeiro lugar, reforça a certeza dos norte-americanos na hegemonia de sua língua e na inutilidade da aprendizagem de outras línguas. Há poucos anos, uma governadora do Texas declarou: *"If English was good enough for Jesus, it ought to be good enough for the children of Texas*".[3] E hoje, apenas 8% dos alunos dos colégios ou universidades americanas assistem a aulas de línguas estrangeiras.[4] Em segundo lugar, esse inglês, mais próximo do volapuque do que do latim, supõe uma aprendizagem particular que não tem por finalidade o conhecimento da língua inglesa, já que, como indica Geoffrey Nunberg (1996, p.254) "*l'anglais que l'on trouve sur le réseau est d'une certaine manière plus difficile que celui qui est exigé pour pouvoir faire des communications formelles*".[5] E, finalmente, o imperialismo ortográfico do inglês, que desconhece os acentos ou o til, impõe sua supressão às outras línguas quando são escritas ou lidas na tela do computador (cf. Ferreiro, 2001, p.556).

Dois elementos devem nuançar essas observações. O primeiro diz respeito à diminuição da distância entre a comunidade anglófona e as outras no mundo eletrônico. Em 1994, por exemplo, dois milhões de endereços eletrônicos estavam localizados em países de língua inglesa, contra somente 170 mil nos países de língua francesa (cf. Nunberg, 1996, p.253). Os dados mais recentes mostram que o desenvolvimento da rede levou a uma maior presença dos usuários não

---

3 "Se o inglês era suficiente para Jesus, deve ser suficiente para as crianças do Texas." (N. T.)
4 *The New York Times*, 16 abr. 2001, p.A1 e A10.
5 "o inglês que encontramos na rede é mais difícil, em certo sentido, do que aquele que é exigido para fazer comunicações formais". (N. T.)

anglófonos e, por conseguinte, a uma maior pluralidade linguística na oferta textual. Porém, o domínio inglês continua forte. Hoje, 47,5% da população *on line* mora em países de língua inglesa, contra 9% para a língua chinesa, 8,6% para o japonês, 6,1% para o alemão, 4,5% para o espanhol, 3,7% para o francês e 2,5% para o português.[6]

Além disso, os progressos no ensino e no conhecimento das línguas estrangeiras na Europa e na América Latina, até mesmo nos Estados Unidos, ocasionaram a possibilidade de comunicação em que cada um pode utilizar sua própria língua e entender a língua do outro. Nessa perspectiva, compartilho plenamente o diagnóstico de Umberto Eco (1994), no que se refere à definição de um poliglotismo moderno quando afirma: *"Le problème de la culture européenne [ou universelle (R.C.)] de l'avenir ne réside certainement pas dans le triomphe du polyglottisme total (celui qui saurait parler toutes les langues serait semblable au Funes el Memorioso de Borges, l'esprit occupé par une infinité d'images), mais dans une communauté de personnes qui peuvent saisir l'esprit, le parfum, l'atmosphère d'une parole différente"*.[7]

---

6 Global Internet Statistics: http://www.euromktg.com/globstats/index.php3, 24 abr. 2001.

7 "O problema da cultura europeia [ou universal] do futuro não consiste no triunfo de um poliglotismo total (aquele que soubesse falar todas as línguas seria semelhante a Funes, el Memorioso, de Borges, com sua mente ocupada por uma infinidade de imagens), mas sim em uma comunidade de pessoas que podem apreender o espírito, o perfume, o ambiente de uma fala diferente." (N. T.)

O que coloca a necessidade de aprendizados linguísticos que permitam aos indivíduos, se não falar, pelo menos entender diversas línguas. Tal projeto pedagógico e cívico é o único que pode evitar um domínio absoluto de uma língua única, seja ela qual for.

Monolinguístico ou poliglota, o mundo da comunicação eletrônica é um mundo da superabundância textual cuja oferta ultrapassa a capacidade de apropriação dos leitores. Frequentemente, a literatura tem anunciado a inutilidade da acumulação de livros, o excesso de textos. No mundo utópico de Borges, o diálogo entre Eudoro Acevedo e o homem sem nome do futuro demonstra isso. Folheando um exemplar da edição de 1518 da *Utopia* de Thomas Morus, o primeiro declara: "É um livro impresso. Lá em casa deve haver mais de dois mil, embora não tão antigos nem tão preciosos". Seu interlocutor ri e responde: "Ninguém pode ler dois mil livros. Nos quatro séculos que vivo não terei passado de meia dúzia. Além disso, o que importa não é ler, mas sim reler".

Mais de três séculos antes, o diálogo que Lope de Vega imagina em *Fuente ovejuna*, entre Barrildo, o lavrador, e Leonelo, o bacharel de Salamanca, ilustra a mesma desconfiança diante da multiplicação dos livros permitida pela invenção da imprensa – uma invenção recente ao tempo dos inventos narrados na comédia, que aconteceram em 1476. A Barrildo, que elogia os efeitos da imprensa ("Haja vista tantos livros impressos / não há ninguém que sábio não se imagine"), Leonelo responde: "Antes que ignorem mais, sinto por isto / por não se reduzir a breve súmula, / porque a confusão, com o excesso / os desígnios resolve em vã espuma; / e aquele que de ler tem mais costume, / de ver letreiros só está confuso" (Lope de Vega, 1993, vv.901908, p.87). A multiplicação dos livros tornou-se mais uma fonte de "confusão" do que de saber, e a imprensa, com todo o "excesso" de livros que gerou, não produziu novos gênios: "Sem ela muitos séculos passaram, / e não vemos que neste se levante / um Jerônimo santo, um Agostinho" (vv.928-931, p.88).

Nasce aqui uma pergunta: como pensar a leitura diante de uma oferta textual que a técnica eletrônica multiplica mais ainda do que a invenção da imprensa? Em 1725, Adrien Baillet escreveu: "*On a sujet d'appréhender que la Multitude des Livres qui augmentent tous les jours d'une manière prodigieuse, ne fasse tomber les siècles suivants dans un état aussi fâcheux qu'était celui où la barbarie avait jeté les précédents depuis la décadence de l'Empire romain*".[8] Para comprovar se Baillet tinha razão e se caímos em tal barbárie, temos de distinguir entre diversos registros de mutações ou rupturas introduzidos pela revolução do texto digital. A primeira dessas rupturas refere-se à ordem

---

8 Devo esta referência a Ann Blair. (R.C.) "Temos razões para temer que a Multidão de Livros que aumenta a cada dia de uma maneira prodigiosa faça cair os séculos seguintes em um estado tão lamentável quanto aquele em que a barbárie lançara os precedentes a partir da decadência do Império Romano." (N. T.)

dos discursos. Na cultura impressa, como a conhecemos, essa ordem se estabelece a partir da relação entre tipos de objetos (os livros, o diário, a revista), categorias de textos e formas de leitura. Tal vinculação está arraigada a uma história de longa duração da cultura escrita e provém da sedimentação de três inovações fundamentais: em primeiro lugar, entre os séculos II e IV, a difusão de um novo tipo de livro, que ainda é o nosso, isto é, o livro composto de folhas e páginas reunidas dentro de uma mesma encadernação que chamamos códex e que substituiu os rolos da Antiguidade grega e romana; em segundo, no final da Idade Média, nos séculos XIV e XV, o aparecimento do "livro unitário", ou seja, a presença, dentro de um mesmo livro manuscrito, de obras compostas em língua vulgar por um único autor (Petrarca, Boccaccio, Christine de Pisan), enquanto antes essa lista caracterizava apenas as autoridades canônicas antigas e cristãs e as obras em latim; e, finalmente, no século XV, a invenção da imprensa, que continua sendo até agora a técnica mais utilizada para a reprodução do escrito e a produção dos livros. Somos herdeiros dessa história tanto para a definição do livro, isto é, ao mesmo tempo um objeto material e uma obra intelectual ou estética identificada pelo nome de seu autor, como para a percepção da cultura escrita e impressa que se baseia em diferenças imediatamente visíveis entre os objetos (cartas, documentos, diários, livros etc.).

É essa ordem dos discursos que se transforma profundamente com a textualidade eletrônica. É agora um único aparelho, o computador, que faz surgir diante do leitor os diversos tipos de textos tradicionalmente distribuídos entre objetos diferentes. Todos os textos, sejam eles de qualquer gênero, são lidos em um mesmo suporte (a tela do computador) e nas mesmas formas (geralmente as que são decididas pelo leitor). Cria-se assim uma continuidade que não mais diferencia os diversos discursos a partir de sua própria materialidade. Surge disso uma primeira inquietação ou confusão dos leitores, que devem enfrentar o desaparecimento dos critérios imediatos, visíveis, materiais, que lhes permitiam distinguir, classificar e hierarquizar os discursos.

O que se torna mais difícil, contudo, é a percepção da obra como obra. A leitura diante da tela é geralmente descontínua, e busca, a partir de palavraschave ou rubricas temáticas, o fragmento textual do qual quer apoderar-se (um artigo em um periódico, um capítulo em um livro, uma informação em um *web site*), sem que necessariamente sejam percebidas a identidade e a coerência da totalidade textual que contém esse elemento. Num certo sentido, no mundo digital todas as entidades textuais são como bancos de dados que procuram fragmentos cuja leitura absolutamente não supõe a compreensão ou percepção das obras em sua identidade singular.

Assim, quanto à ordem dos discursos, o mundo eletrônico provoca uma tríplice ruptura: propõe uma nova técnica de difusão da escrita, incita uma nova relação com os textos, impõe-lhes uma nova forma de inscrição. A originalidade e a importância da revolução digital apoiam-se no fato de obrigar o leitor contemporâneo a abandonar todas as heranças que o plasmaram, já que o mundo eletrônico não mais utiliza a imprensa, ignora o "livro unitário" e está alheio à materialidade do códex. É ao mesmo tempo uma revolução da modalidade técnica da produção do escrito, uma revolução da percepção das entidades textuais e uma revolução das estruturas e formas mais fundamentais dos suportes da cultura escrita. Daí a razão do desassossego dos leitores, que devem transformar seus hábitos e percepções, e a dificuldade para entender uma mutação que lança um profundo desafio a todas as categorias que costumamos manejar para descrever o mundo dos livros e a cultura escrita.

Essa revolução modifica, ainda, o que se poderia chamar a ordem das razões, se com isso entendermos as modalidades das argumentações e os critérios ou recursos que o leitor pode mobilizar para aceitá-las ou rechaçá-las. Por um lado, a textualidade eletrônica permite desenvolver as argumentações e demonstrações segundo uma lógica que já não é necessariamente linear nem dedutiva, tal como dá a entender a inscrição de um texto sobre uma página, mas que pode ser aberta, clara e racional graças à multiplicação dos vínculos hipertextuais. Por outro, e como consequência, o leitor pode comprovar a validade de qualquer demonstração consultando pessoalmente os textos (mas também as imagens, as palavras gravadas ou composições musicais) que são o objeto da análise se, evidentemente, estiverem acessíveis numa forma digitalizada. Tal possibilidade modifica profundamente as técnicas clássicas da prova (notas de rodapé, menções, referências), que pressupunham a confiança do leitor no autor, não podendo aquele colocar-se no lugar deste diante dos documentos analisados e utilizados. Nesse sentido, a revolução da textualidade digital constitui também uma mutação epistemológica que transforma as modalidades de construção e crédito dos discursos do saber.

Um terceiro registro de mutações ligadas ao mundo eletrônico refere-se ao que chamo de a ordem das propriedades, tanto em um sentido jurídico – o que fundamenta a propriedade literária e o *copyright* – quanto em um sentido textual – o que define as características ou propriedades dos textos. O texto eletrônico, tal qual o conhecemos, é um texto móvel, maleável, aberto. O leitor pode intervir em seu próprio conteúdo e não somente nos espaços deixados em branco pela composição tipográfica. Pode deslocar, recortar, estender, recompor as unidades textuais das quais se apodera. Nesse processo desaparece a atribuição dos textos ao nome de seu autor, já que estão constantemente modificados por uma escritura coletiva, múltipla, polifônica, que dá realidade ao sonho de Foucault quanto ao desaparecimento desejável da apropriação individual dos discursos – o que ele chamava a "função-autor". Essa mobilidade lança um desafio aos critérios e categorias que, pelo menos desde o século XVIII, identificam as obras com base na sua estabilidade, singularidade e originalidade. O reconhecimento da propriedade do autor sobre sua criação e, por conseguinte, a do editor a quem a vendeu supõe que, como escreveu Blackstone no século XVIII, *"Now the identity of a literary composition consist intirely in the sentiment and language ... and whatever method be taken of conveying that composition to the ear or the eye of another, by recital, by writing, or by printing, in any number of copies or at any period of time, it is always the identical work of the author which is so conveyed"* (apud Rose, 1993, p.89-90).[9] Está então estabelecido um estreito vínculo entre a identidade singular, estável, reproduzível dos textos e o regime de propriedade que protege os direitos dos autores e dos editores. É essa relação que coloca em questão o mundo digital que propõe textos brandos, ubíquos, palimpsestos.

Tal colocação leva a uma reflexão quanto aos dispositivos que permitirão delimitar, designar e identificar textos estáveis, dotados de uma identidade perpetuada e perceptível no mundo móvel da textualidade digital. Essa reorganização é uma condição para que possam ser protegidos tanto os direitos econômicos e morais dos autores quanto a remuneração ou o rendimento da edição eletrônica. Isso levará, sem dúvida, a uma trans-

---

9 "Agora, a identidade de uma composição literária reside inteiramente no sentimento e na linguagem ... e seja qual for o método escolhido para a sua transmissão, a recitação, o manuscrito ou o impresso, em qualquer número de exemplares ou em qualquer momento, é sempre a mesma obra do autor que se transmite." (N. T.)

formação profunda do mundo eletrônico como o conhecemos agora. Haverá duas formas de publicação: a que vai continuar a oferecer textos abertos, maleáveis, gratuitos, e a que resultará de um trabalho editorial que necessariamente fixará e fechará os textos publicados para o mercado. Talvez dois tipos de aparelhos vão corresponder a cada uma dessas formas: o computador tradicional para a primeira e o *e-book*, que não permite o transporte, a cópia ou a modificação dos textos, para a segunda. Assim, o livro digital seria definido pela oposição à comunicação eletrônica livre e espontânea que autoriza qualquer pessoa a pôr em circulação na rede suas ideias, opiniões ou criações. Reconstituir-se-ia, assim, na textualidade eletrônica, uma ordem dos discursos que permitirá diferenciá-los de acordo com sua identidade e autoridade própria.

A batalha encetada entre os pesquisadores – que cobram o acesso livre e gratuito aos artigos e às revistas científicos, que impõem altos preços de assinatura, até dez mil ou doze mil dólares ao ano, e que multiplicam os dispositivos capazes de impedir a redistribuição eletrônica dos artigos – ilustra hoje a tensão entre as duas lógicas que atravessam o mundo da textualidade digital. Recentemente, quatorze mil pesquisadores, sobretudo no campo das ciências biológicas, assinaram petição exigindo o livre acesso aos textos publicados pelas revistas científicas (www.publiclibraryofscience. org). Como resposta, algumas revistas decidiram permitir esse acesso por dois meses (*Molecular Biology of the Cell*) ou um ano (*Science*) depois da publicação dos artigos.[10]

O exemplo das revistas ilustra também a diferença que existe entre a leitura dos "mesmos" artigos quando se deslocam da forma impressa, que situa cada texto particular em uma continuidade física, material, com todos os outros textos publicados no mesmo número, para a forma eletrônica onde são encontrados e lidos a partir das arquiteturas lógicas que hierarquizam campos, temas e rubricas (Nunberg, 1993).

Na primeira leitura, a construção do sentido de cada artigo particular depende, mesmo inconscientemente, da sua relação com os outros textos que o antecedem ou o seguem e que foram reunidos dentro de um mesmo objeto impresso com uma intenção editorial imediatamente perceptível. A segunda leitura age como o idioma analítico de John Wilkins, a partir de uma organização enciclopédica do saber, que propõe ao leitor textos sem outro contexto além daquele de pertencer a uma mesma temática. Num momento em que se discute a possibilidade ou a necessidade de as bibliotecas digitalizarem suas coleções (particularmente os jornais e revistas) tal observação lembra que, por mais fundamental que seja esse projeto de digitalização, ele nunca deve conduzir à relegação ou à destruição dos objetos impressos do passado.

---

10 *Libération*, 14-15 abr. 2001, p.16-7.

Como mostra o livro do romancista Nicholson Baker, *Double Fold*: Libraries and the Assault on Paper (2001), comentado recentemente por Robert Darnton (2001), esse temor não deixa de ter fundamentos. Entre os anos 70 e 90, o Council on Library Resources dos Estados Unidos empreendeu uma política de microfilmagem de jornais e livros dos séculos XIX e XX cujo resultado foi a destruição física de milhões de volumes e de periódicos, com a dupla justificativa de sua preservação em outro suporte e a necessidade de se esvaziar estantes das bibliotecas para receberem as novas aquisições. Essa operação, chamada *"deaccessioning"*, no inglês da biblioteconomia, encontrou sua forma paroxística em 1999, quando a British Library decidiu microfilmar e destruir ou vender todas as suas coleções de jornais americanos publicados a partir de 1850. Os compradores foram comerciantes que cortaram os jornais para vender seus números ou artigos como lembranças para aniversariantes. Contudo, antes do escândalo britânico, mudou-se a política das bibliotecas dos Estados Unidos e a "matança" anunciada por Nicholson Baker não mais acontece. Mas as perdas foram enormes e irremediáveis, e, com as possibilidades e promessas da digitalização, a ameaça de outra destruição não se afastou definitivamente. Como leitores, como cidadãos, como herdeiros do passado, devemos, pois, exigir que as operações de digitalização não ocasionem o desaparecimento dos objetos originais e que seja sempre mantida a possibilidade de acesso aos textos tais como foram impressos e lidos em sua época.

"Fala-se do desaparecimento do livro; creio que é impossível", declarou Borges em 1978 (1998, p.9-23). Não teria ele plena razão, uma vez que em seu país havia dois anos desapareciam livros queimados e autores ou editores eram assassinados.[11] Porém, seu diagnóstico expressava a confiança na sobrevivência do livro diante dos novos meios de comunicação: o cinema, o disco, a televisão. Podemos sustentar hoje essa certeza? Colocar a questão dessa maneira talvez não designe de forma adequada a realidade de nosso presente caracterizado por uma nova técnica e forma de inscrição, difusão e apropriação dos textos, já que as telas do presente não ignoram a cultura escrita, mas a transmitem.

Ainda não sabemos, contudo, muito bem como essa nova modalidade de leitura transforma a relação dos leitores com o escrito. Sabemos que a leitura do rolo da Antiguidade era uma leitura contínua, que mobilizava o corpo inteiro, que não permitia ao leitor escrever enquanto lia. Sabemos que o códex, manuscrito ou impresso, permitiu gestos inéditos (folhear o livro, citar trechos com precisão, estabelecer índices) e favoreceu uma leitura fragmentada mas que sempre percebia a totalidade da obra, identificada por sua própria materialidade.

Como caracterizar a leitura do texto eletrônico? Para compreendê-la, Antonio Rodriguez de las Heras (1991) formula duas observações que nos

---

11 Ver o folheto *Un golpe a los libros (1976-1983)*. Buenos Aires: Dirección General del Libro y Promoción de la Lectura, s. d.

obrigam a abandonar nossas percepções espontâneas e hábitos herdados. Em primeiro lugar, é preciso considerar que a tela não é uma página, mas sim um espaço de três dimensões, que possui profundidade e que nele os textos brotam sucessivamente do fundo da tela para alcançar a superfície iluminada. Por conseguinte, no espaço digital, é o próprio texto, e não seu suporte, que está dobrado. A leitura do texto eletrônico está concebida nesse caso como desdobramento do texto eletrônico, ou melhor, uma textualidade suave, móvel e infinita.

Tal leitura "dosifica" o texto, como diz Rodriguez de las Heras, sem necessariamente ater-se ao conteúdo de uma página, e pode compor, na tela, ajustes textuais singulares e efêmeros. Tal como na navegação pela rede, é uma leitura descontínua, segmentada, fragmentada. Se é conveniente para as obras de natureza enciclopédica, que nunca foram lidas da primeira à última página, essa leitura parece desorientada ou inadequada diante dos textos cuja apropriação supõe uma leitura contínua e atenta, uma familiaridade com a obra e a percepção do texto como criação original e coerente. O desafio e a incerteza do futuro são remetidos, fundamentalmente, à capacidade do texto desencadernado do mundo digital de superar ou não a tendência ao derramamento que o caracteriza.

Será o texto eletrônico um novo livro de areia cujo número de páginas era infinito, que não se podia ler e que era tão monstruoso que foi sepultado nas úmidas estantes da Biblioteca Nacional na Rua México? (cf. Borges, 1977b). Ou propõe ele já uma nova e promissora definição do livro capaz de favorecer e enriquecer o diálogo que cada texto estabelece com seu leitor? (cf. Borges, 1997d, p.237-42).

Ninguém sabe a resposta. Mas a cada dia, como leitores, sem o saber, a inventamos.

# Dom Quixote na tipografia

*"Aqui se imprimen libros."*
(Cervantes, *El ingenioso Hidalgo Don Quijote de la Mancha*, segunda parte, 1615)

---

Em suas *Panizzi Lectures*, lidas na British Library em 1985, o falecido Don Mckenzie (1986, p.4) caracterizou a sociologia dos textos como a "disciplina que estuda textos como formas escritas e os processos de sua transmissão, incluindo sua produção e recepção". Gostaria de mostrar como, na época moderna, alguns trabalhos literários retomaram tais processos e os aplicaram às técnicas, máquinas e pessoas envolvidas na produção de "textos como formas escritas".

Vamos seguir Dom Quixote pelas ruas de Barcelona, no capítulo LXII da segunda parte do romance: *"El y Sancho salieron a pasearse. Sucedió, pues, que yendo por una calle alzó los ojos don Quijote y vio escrito sobre una puerta, com letras muy grandes: 'Aquí se imprimen libros', de lo que se contentó mucho, porque hasta entonces no había visto emprenta alguna y deaba saber cómo fuese"*[1] (Cervantes, 1998, p.1142-6). Não é a primeira vez que a tipografia é o cenário de um local ficcional desde a década de 1550, quando William Baldwin a usou como local para histórias chamadas *"by the fire"* ("ao pé do fogo") em *Beware the Cat* (1963, p.25-63).[2] Porém, no romance de Cervantes a presença da tipografia é mais do que um simples cenário para o enredo. Ela inscreve no próprio livro o lugar e o processo que torna possível sua publicação. Se o trabalho executado dentro de uma tipografia verdadeira é uma condição para dar realidade às ilusões da narrativa, no romance de Cervantes os termos viraram de ponta-cabeça, já que o mundo prosaico da oficina se tornou um lugar fictício em que a narrativa imaginária une, como escreveu Borges (1952), *"lo objetivo y lo subjetivo, el mundo del lector y el mundo del libro"*[3] (p.74-9). Nesse sentido, a visita de Dom Quixote à tipografia, em Barcelona, é uma dessas *"magias parciales"* que inquietam profunda-

---

1 "Ele e Sancho saíram para passear. Aconteceu então que, indo por uma rua, Dom Quixote levantou os olhos e viu escrito sobre uma porta, com letras muito grandes: '*Aqui se imprimem livros*', o que muito o satisfez porque até então não vira nenhuma tipografia e desejava saber como era." (N. T.)
2 Agradeço a Joshua Phillips por ter chamado minha atenção para esse texto.
3 "o objetivo e o subjetivo, o mundo do leitor e o mundo do livro". (N. T.)

mente o leitor do romance, eliminando a evidente, empírica distinção entre esses dois mundos.

Ao entrar na oficina, Dom Quixote vê *"toda aquella máquina que en las emprentas grandes se muestra"*.[4] Cervantes introduz o leitor na divisão e na multiplicidade de tarefas que caracterizam o processo de impressão: Dom Quixote *"vio tirar en una parte, corregir en otra, componer en esta, enmendar en aquella"*.[5] Os verbos espanhóis usados por Cervantes designam as diferentes operações feitas por diversos operários: *tirar* para o impressor, *"corregir"* para os revisores de provas, *"componer"* e *"enmendar"* para os tipógrafos.

A penetrante descrição que Cervantes oferece do trabalho da tipografia pode ser enfatizada pela comparação com o primeiro manual impresso composto em língua vulgar. Ele foi diretamente composto e impresso em um único exemplar por volta de 1680, por Alonso Victor de Paredes (1984), que foi tipógrafo e depois impressor em Madri e Sevilha. No capítulo X do livro, dedicado a *"De la Corrección, y obligaciones que deben observar así el Corrector, como el Componedor, y el de la prensa"*, isto é, para indicar o revisor e o corretor dos textos impressos, Paredes distinguiu quatro tipos de *"correctores"*: os graduados universitários, que conhecem gramática, teologia ou leis, mas que não

---
4 "aquele maquinismo todo que nas imprensas grandes se mostra". (N. T.)
5 "viu num lugar uns homens fazerem a tiragem, noutro as emendas, noutro comporem e noutro paginarem". (N. T.)

são tipógrafos e ignoram os aspectos técnicos da impressão; os próprios mestres impressores, quando conhecem o latim e a língua vulgar; os mais hábeis dos tipógrafos (*"componedores"* em espanhol), embora não saibam latim; e, finalmente, quando a tipografia pertence à viúva de um tipógrafo ou a um livreiro, ela ou ele emprega esses corretores ignorantes que *"apenas saben leer"* (ibidem, p.42-5).

Seja quem for o revisor (excetuando-se os últimos), seus deveres são os mesmos. Em primeiro lugar, ele deve descobrir as gralhas ouvindo a leitura em voz alta do original (*"escuchar por el original"*), enquanto confere as provas. Em segundo, tem a obrigação de censurar o texto, mesmo quando este tiver recebido uma *"licencia"*, e recusar sua publicação se descobrir no trabalho alguma coisa proibida pela Inquisição ou contra a religião, o rei ou a "República". Finalmente, o *"corrector"* é o único que completa o livro, acrescentando a pontuação certa, reparando as negligências (*"descuidos"*) do autor, corrigindo os erros (*"yerros"*) dos tipógrafos. Tal tarefa exige que o revisor, seja ele quem for, seja capaz de "entender a concepção do autor" (*"entender el concepto del Autor"*) e desempenhar um papel fundamental como um intermediário necessário entre o autor e o leitor.

Poucos anos depois, Moxon (1958) dividiu esse papel entre o tipógrafo e o revisor. Em sua opinião,

> Um bom Tipógrafo ambiciona tanto tornar o pensamento do Autor compreensível para o leitor,

quanto tornar seu Trabalho elegante ao Olhar e agradável à leitura. Portanto, se seu texto for Escrito numa linguagem que o leitor possa compreender, ele lerá o Texto com atenção; assim, o tipógrafo deve entrar no pensamento do Autor e consequentemente decidir como organizar melhor seu Trabalho, tanto na página de título quanto na matéria do Livro: como fazer Parágrafos, colocar Pontuação, Parênteses, letras em Itálicos etc., na maior concordância com o Espírito do Autor e também com a capacidade do Leitor. (p.311-2)

Todas as decisões tomadas pelo tipógrafo estão, porém, sujeitas às correções do revisor, que também está envolvido no processo de publicação, visto que "ele examina a Prova e observa a Pontuação, o Itálico, as Maiúsculas ou qualquer erro que possa, por equívoco ou falta de julgamento, ter sido cometido pelo tipógrafo" (ibidem, p.247). Para Paredes, para Moxon, para Cervantes, a produção do texto supõe diferentes etapas, diferentes técnicas, diferentes operações humanas. Entre o gênio do autor e a aptidão do leitor, como escreveu Moxon, uma multiplicidade de operações define o processo de publicação como um processo colaborativo, no qual a materialidade do texto e a textualidade do objeto não podem ser separadas (Masten, 1997, p.75-107).

Paredes expressou essa dupla natureza do livro – como objeto material e trabalho literário – por meio de uma imagem original. Ele revolveu completamente a clássica metáfora que descrevia o corpo humano como um livro, por exemplo, em *Romeu e Julieta* ou *Ricardo II*, visto que considerava o livro como um homem: *"Asimilo yo un libro a la fabrica de un hombre"*. Ambos, o livro e o homem, possuem uma alma racional (*"anima racional"*) e um corpo, que pode ser elegante, bonito e harmonioso (*"un cuerpo galan, hermoso y apacible"*). Porém, para Paredes, a alma do livro não é somente o texto imaginado, escrito ou ditado pelo autor, a *"buena doctrina"*, mas é esse texto produzido em uma *"acertada disposición"*, em uma adequada apresentação. Se o corpo do livro é o produto do trabalho feito pelos impressores ou pelos encadernadores, a criação de sua alma não envolve apenas a invenção do autor. A alma é moldada também pelos tipógrafos, editores ou revisores, que se encarregam da pontuação, da ortografia ou do *lay-out* do texto. Esse processo criativo, pelo qual as imperfeitas criaturas humanas usurpam algo do específico poder de Deus, é ameaçado por uma dupla corrupção: quando um elegante livro oculta uma doutrina perversa ou quando uma alma inocente é confinada em um corpo disforme.

Um pequeno episódio da história da publicação do *Dom Quixote*, impresso em 1604 com a data de 1605 por Juan de la Cuesta, ilustra a prova e também os riscos da dimensão colaboradora de cada processo de publicação. No capítulo XXV do romance, Sancho se refere ao roubo de seu burro, quando declara: *"Bien haya quien nos quitó del trabajo de desenalbardar al rucio"*[6] (Cervantes, 1998, p.280).

---

6 "Bem haja quem nos tirou o trabalho de desalbardar o ruço." (N. T.)

Efetivamente, quatro capítulos adiante, Sancho está caminhando enquanto seu senhor está montando Rocinante: *"Luego subió don Quijote sobre Rocinante ... quedándose Sancho a pie, donde de nuevo se le renovó la pérdida del rucio"*[7] (ibidem, p.339). Porém, sem nenhuma explicação, o burro de Sancho reaparece no capítulo XLII, como se nunca tivesse sido roubado: *"Sancho ... se acomodó mejor que todos, echándose sobre los aparejos de su jumento"*[8] (ibidem, p.499).

Cervantes teve consciência dessa falha e, para a segunda edição de seu romance, publicado em 1605, apenas alguns meses após a publicação da primeira, escreveu uma breve história relatando como Ginés de Pasamonte roubou o burro de Sancho enquanto ele dormia. Para a coerência da narrativa, Cervantes compôs outra breve história narrando como Sancho reconheceu o ladrão e encontrou novamente seu burro. Na segunda edição, o primeiro episódio foi inserido no capítulo XXIII, e o segundo, no capítulo XXX. Tudo parecia correto, mas, infelizmente, a primeira frase do capítulo XXV não foi corrigida, e lia-se ainda: *"Despidióse del cabrero don Quijote y, subiendo otra vez sobre Rocinante, mandó a Sancho que le siguiese, el cual lo hizo, con su jumento, de muy mala gana"*[9] (ibidem, p.270). Mais

---

7 "Assim que Dom Quixote montou Rocinante ... ficando Sancho a pé, onde novamente se renovou a perda do ruço." (N. T.)

8 "Sancho ... melhor que todos se acomodou, deitando-se sobre os apetrechos de seu burro." (N. T.)

9 "Despediu-se Dom Quixote do cabreiro, e, tornando a

uma vez Sancho empoleirou-se em seu burro roubado... Foi somente na edição impressa por Roger Velpius em Bruxelas, em 1607, que a incoerência desse texto desapareceu, enquanto a terceira edição, impressa por Juan de la Cuesta em Madri, em 1608, conservou a deslocada alusão ao burro de Sancho no início do capítulo XXV.

As tribulações do roubado mas sempre presente burro traz dupla lição. Em primeiro lugar, elas nos introduzem na instabilidade dos textos. Suas variantes, estranhezas ou extravagâncias resultam da pluralidade das decisões ou dos erros crassos espalhados pelos diferentes estágios de suas publicações. Os descuidos do autor, os erros dos tipógrafos, as inadvertências dos revisores, tudo contribuiu para a construção dos sucessivos textos do "mesmo" trabalho. De que maneira as práticas contemporâneas da edição e da crítica literária podem conviver com tal mobilidade? Para Francisco Rico (1998a, p.cxciiccxlii e cclxxiiicclxxxvi), o último editor do *Quixote*, é necessário recuperar o texto tal como Cervantes o escreveu, compôs ou sonhou. Consequentemente, assim como para os filólogos clássicos (Bollack, 1990, p.xi-xxi e 1-178), a confrontação de todas as variantes propostas pelas diferentes edições do romance deve levar à escolha da mais provável interpretação do autor – até mesmo se às vezes essa interpretação é traída por todas

---

montar em Rocinante, mandou que Sancho o acompanhasse, o que este fez em seu jumento, de muito má vontade."
(N. T.)

as edições impressas. Para alguns eruditos shakespearianos, pelo contrário, as sucessivas formas em que um trabalho foi publicado devem ser consideradas como diferentes e históricas encarnações do texto (De Grazia & Stallybrass, 1993, p.255-83). Como um efeito das práticas da editora e do trabalho de colaboração de muitos agentes, cada variante, até mesmo a mais estranha e a mais inconsistente, deve ser compreendida, respeitada e possivelmente editada de modo a transmitir o texto em uma das múltiplas modalidades de sua escrita e sua leitura. O conceito de um ideal texto "original", visto como uma abstrata entidade linguística presente atrás das diferentes instâncias de um trabalho, é considerado uma completa ilusão. Assim, editar um trabalho não deve significar a recuperação desse texto inexistente, mas sim tornar explícito tanto a preferência dada a uma das diversas "formas registradas" do trabalho quanto as escolhas concernentes à "materialidade do texto" – isto é, mostrar suas divisões, sua ortografia, sua pontuação, seu *lay-out* etc.

Como é evidenciado por vários exemplos shakesperianos, tais decisões não são fáceis. Tomemos uma delas. No *in-quarto* de 1598 de *Trabalhos de amor perdido*, o casal de namorados não está constituído desde o começo da peça e os inícios do namoro envolviam Biron e Katherine e Dumaine e Rosaline. Somente no terceiro ato (de acordo com a moderna divisão da peça) é que os dois jovens lordes se apaixonam pela mulher com a qual ambos estarão ligados até o final da comédia. A versão *infolio* propõe uma situação diferente, já que une desde o primeiro encontro Biron e Rosaline e Dumaine e Katherine. Será essa troca de nomes entre o *infolio* e o *in-quarto* uma correção da distração de Shakespeare, que esqueceu nos rascunhos da peça os nomes originais que havia dado aos personagens? Ou será uma correção da confusão feita pelo tipógrafo do *in-quarto*? Ou será a versão do *in--quarto* mais fiel à intenção do autor, já que a abrupta troca de interesses dos namorados é um tema presente em outras peças shakespearianas? A tensão entre a decisão editorial e o comentário do texto tal como foi proposto por Stephen Greenblatt em o *Norton Shakespeare* parece-me uma clara indicação da dificuldade em responder a tais questões. Greenblatt escreve: "Embora a versão impressa aqui esteja baseada no quase consenso que existe entre recentes estudiosos do texto, o in-Q pode fornecer a mais correta interpretação disponível das relações românticas em *Trabalhos de amor*" (1997, p.733-802). Temos, portanto, de um lado, o respeito pelo texto mais facilmente aceito pela tradição filológica e bibliográfica, porém, de outro, temos uma preferência literária pela mais emocionante e interessante versão...

O episódio do burro roubado oferece-nos outra lição. Juntamente com outras inconsistências, enfatiza a forte relação que existe entre o modo de composição ou o estilo de Cervantes e as práticas da oralidade. Como indica Francisco Rico (1998c, p.9-29), Cervantes "*revoluciona la ficción concibiéndola no en el estilo artificial de la literatura ... sino en la prosa doméstica de la vida*".[10] Pela primeira vez um romance foi escrito harmonizando a sintaxe e o ritmo da língua falada e contra as exigências da gramática. Além disso, a composição da narrativa que multiplica digressões, observações entre parênteses, frouxas associações de palavras, ideias ou temas, é moldada não por coações de retóricas eruditas, mas pela liberdade de trocas orais e de conversação. Enganos, omissões, confusões, não importa muito a quantidade diante de tantos escritos que ignoraram as regras e imitaram a facilidade e a naturalidade da oralidade espontânea.

Voltemos, porém, à tipografia de Barcelona. Lá, Dom Quixote encontra um autor que havia traduzido para o castelhano um livro italiano intitulado *Le bagatele*. O diálogo entre Dom Quixote e o tradutor avança mobilizando diferentes elementos: em primeiro lugar, o clássico debate sobre a exatidão ou a imprecisão das traduções (*"me parece que el traducir de una lengua en otra, como no sea de las reinas de las lenguas, griega y latina, es como quien mira los tapices flamencos por el revés"*,[11] declara Dom Quixote); em segundo, uma divertida referência ao grande sucesso dos poemas de Ariosto na Espanha (*"Yo sé algún tanto del toscano y me precio de cantar algunas estancias del Ariosto"*[12]); e em tercei-

---

10 "revoluciona a ficção concebendo-a não no estilo artificial da literatura ... mas no da prosa doméstica da vida". (N. T.)
11 "parece-me que traduzir de uma língua para outra, não sendo as rainhas das línguas grega e latina, é ver panos de trás pelo avesso". (N. T.)
12 "Eu sei alguma coisa de toscano e gabo-me de cantar algumas estâncias de Ariosto." (N. T.)

ro, o cômico efeito produzido pela irônica admiração de Dom Quixote por traduções muito evidentes (*"Y apostaré una buena apuesta que adonde diga el toscano* piace, *dice vuestra merced en el castellano 'place', y adonde diga* più *dice 'más' y el su declara con 'arriba' y el* giù *com 'abajo'"*[13]) (Cervantes, 1998, p.1143-4).

Mas, além de tais referências ao conhecimento comum, o diálogo é construído sobre os deslocamentos literários de três realidades fundamentais da impressão e do comércio do livro. O primeiro volta aos dois diferentes processos de publicação de um livro no início da Europa moderna: *"Pero dígame vuestra merced: este libro ¿imprimese por su cuenta o tiene ya vendido el privilegio a algún librero? Por mi cuenta lo imprimo – respondió el autor – y pienso ganar mil ducados, por lo menos, con esta primera impresión, que ha de ser de dos mil cuerpos"*[14] (ibidem, p.1144). Nesse caso, o autor encarregava um tipógrafo da impressão da edição e pagava diretamente ou por meio de algum livreiro os exemplares de seu trabalho. Se preferisse vender o "privilégio" a um editor, o autor abandonava-lhe todo o lucro do possível sucesso do livro. Para *Le bagatele*, diz seu

---

13 "Sou capaz de apostar como, quando em toscano se diz 'piace', diz Vossa Mercê 'praz' ou 'agrada', e onde dizem 'più' diz 'mais', e ao 'sù' chama 'acima', e ao 'giù' chama 'abaixo'." (N. T.)

14 "Mas diga-me Vossa Mercê: este livro imprime-se por sua conta, ou já vendeu o privilégio a algum livreiro? – Imprimo-o por minha conta – respondeu o tradutor –, e conto ganhar mil ducados, pelo menos, com esta primeira edição, que há de ser de dois mil exemplares." (N. T.)

tradutor, a impressão da primeira tiragem deve ser de dois mil exemplares, ou *"cuerpos"*. Esta figura corresponde a uma das duas situações descritas pelo manual de Paredes, isto é, a indicação de que durante um único dia uma prensa pode imprimir 1.500 ou dois mil exemplares de *duas* formas: o recto e o verso de uma folha de papel, ou mil exemplares de *três* modelos (Paredes, 1984, p.43-4). É evidente que Cervantes conhecia muito bem as regras e as restrições da economia da tipografia e usava tal conhecimento para criar alguns detalhes de seu romance – aqui, por exemplo, a autocomplacência do tradutor, tão confiante no sucesso de seu trabalho que encomendará uma tiragem acima da média. Podemos lembrar, por exemplo, que, com toda probabilidade, Juan de la Cuesta imprimiu apenas 1.500 exemplares ou talvez 1.750 da primeira edição do *Quixote* em 1604.

A segunda tensão à qual alude o diálogo entre Dom Quixote e o tradutor de *Le bagatele* opõe duas "economias da escrita". A primeira está embutida no sistema do patrocínio ou supõe que o autor possa ganhar sua própria vida. Ambas as situações levam a escrever pela fama. Porém, não é esse o objetivo do tradutor. Ele trabalha com outra finalidade: lucro. Declara a Dom Quixote: *"Yo no imprimo mis libros para alcanzar fama en el mundo, que ya en él soy conocido por mis obras, provecho quiero, que sin él no vale un cuatrín la buena fama"*[15] (Cervantes, 1998,

---

15 "Eu não imprimo os meus livros para alcançar fama no mundo, que já sou bastante conhecido pelas minhas

p.1145). Aqui, também, Cervantes mostra uma correta percepção do mundo literário de seu tempo, já que os tradutores eram os primeiros "autores" a receber não apenas exemplares, mas também uma remuneração monetária por seus trabalhos.[16] A oposição entre *"fama"* e *"provecho"* era corriqueira na vida literária na Espanha do Século de Ouro, e o próprio Cervantes trata do assunto no "Prólogo" da segunda parte de seu romance. Isso evidenciou um primeiro estágio no processo de profissionalização da escrita, permitido por certos gêneros de sucesso, e ao mesmo tempo confirmou o tradicional vínculo entre desinteresse e reputação literária.

Nesse mesmo trecho, Cervantes diverte-se também com outro fato corriqueiro: o estigma das vis astúcias e fraudulentas alianças que existem entre tipógrafos e livreiros para enganar os autores. Dom Quixote adverte o tradutor contra essas fraudes, contra o ocultamento da verdadeira tiragem ou a falsificação das contas: *"Bien parece que no sabe las entradas y salidas de los impresores y las correspondencias que hay de unos a otros"*[17] (ibidem, p.1145). A advertência de Dom Quixote repete as condenações contemporâneas da tipografia e do comércio livreiro, considerados corruptores tanto da integridade dos

---

obras; quero proveito, que, sem ele, nada vale a boa fama." (N. T.)

16 Ver, por exemplo, os contratos entre editores e tradutores, publicados por Parent, 1974.

17 "Bem se vê que não conhece as entradas e saídas dos impressores e as correspondências que há uns com os outros". (N. T.)

textos, distorcidos por operários ignorantes do código literário de ética, ao introduzir no comércio das letras a cupidez e a pirataria, como da clareza do pensamento, ao permitir uma incontrolada circulação e possíveis mal-entendidos nos trabalhos. Escritores aristocráticos e letrados eruditos compartilharam a mesma relutância diante da tipografia e com frequência preferiram a publicação dos trabalhos dos copistas, por três razões: essa publicação era dirigida a um público escolhido da nobreza, encarnava o *ethos* das obrigações pessoais e cortesia comunal que caracterizavam tanto a civilidade aristocrática quanto a ética de reciprocidade da *Res Publica Literatorum*, e isso permitia evitar as burlas dos tipógrafos e dos livreiros (Bouza, 1997). *"Diós le dé a vuestra merced buena manderecha"*[18] são as últimas palavras dirigidas por Dom Quixote ao demasiado crédulo e presunçoso tradutor, não consciente das armadilhas que o ameaçavam.

Dois livros (talvez entre outros) são impressos e corrigidos na tipografia visitada por Dom Quixote. O primeiro é um livro de piedade, talvez um catecismo intitulado *Luz da alma*, publicado por Felipe de Meneses em Salamanca, em 1556, e reimpresso em 1590. Esse título é um exemplo perfeito do tipo de livros que constituíam a maior parte da produção gráfica espanhola no início do século XVII, quando do alto poder da Contrarreforma católica. Daí a irônica observação feita por Dom Quixote: *"Estos tales libros, aunque hay muchos déste géne-*

---

[18] "Deus lhe dê ventura." (N. T.)

*ro, son los que se deben imprimir, porque son muchos los pecadores que se usan y son menester infinitas luces para tantos deslumbrados*"[19] (Cervantes, 1998, p.1145). O segundo título é mais interessante: chama-se *Segunda parte del ingenioso hidalgo don Quijote de la Mancha*, composto, segundo os revisores que o estavam corrigindo, *"por un tal, vecino de Tordesillas"*.[20]

"*Ya yo tengo noticias deste libro – dijo don Quijote.*"[21] Não é ele o único, visto que o leitor da segunda parte sabe, pelo menos pelas alusões feitas no "Prólogo", da existência dessa apócrifa continuação do romance de Cervantes, intitulada *Segundo tomo del Ingenioso Hidalgo Don Quijote de la Mancha que contiene su tercera salida*, considerado escrito por "*el Licenciado Alonso Fernandez de Avellaneda, natural de la villa de Tordesillas*", e impresso em Tarragona, em 1614. No próximo texto da segunda parte, a primeira menção da continuação de Avellaneda surge no capítulo LIX, quando dois fregueses da estalagem em que Dom Quixote e Sancho se haviam detido evocam a primeira parte de Cervantes e a segunda parte de Avellaneda. Dom Juan diz: "*Por vida de vuestra merced, señor don Jerónimo, que en tanto que traen la cena leamos otro capítulo de la segunda parte de Don Quijote de la Mancha*". Dom Jerônimo responde: "*¿Para qué quiere

---

19 "Estes livros, por muitos que sejam, sempre se devem imprimir, porque há muitos pecadores, e são necessárias infinitas luzes para tantos desalumiados." (N. T.)
20 "por um tal vizinho de Tordesilhas". (N. T.)
21 "Já tenho consciência deste livro – disse Dom Quixote." (N. T.)

vuestra merced, señor don Juan, que leamos estos disparates, si el que hubiere leido la primera parte de la historia de don Quijote de la Mancha no es posible que pueda tener gusto en leer esta segunda?"[22] (ibidem, p.1110-1).

Esse diálogo lembra ao leitor os capítulos II e III da segunda parte, onde diferentes personagens (Dom Quixote, Sancho, o bacharel Sansão Carrasco) comentam a recepção da primeira parte do romance aludindo ao seu sucesso, demonstrado pelo grande número de edições e exemplares (*"Tengo para mí que el día de hoy están impresos más de doce mil libros de la tal historia"*[23] diz Carrasco) (ibidem, p.647), porém também à crítica contra a negligência de seu autor: *"Infinitos son los que han gustado de la tal historia; y algunos han puesto falta y dolo en la memoria del autor, pues se le olvida de contar quien fué el ladrón que hurtó el rucio a Sancho, que allí no se declara, y solo se infiere de lo escrito que se le hurtaron, y de allí a poco le vemos a caballo sobre el mismo jumento, sin haber parecido"*[24] (ibi-

---

22 "Por vida de Vossa Mercê, Senhor Dom Jerônimo, vamos ter, enquanto não vem a ceia, outro capítulo da segunda parte de Dom Quixote de la Mancha" ... "Para que quer Vossa Mercê ler esses disparates, Senhor Dom João, se quem tiver lido a primeira parte da história de Dom Quixote de la Mancha não pode encontrar gosto em ler a segunda?" (N. T.)

23 "Tenho para mim que no dia de hoje estão impressos mais de doze mil exemplares de tal história". (N. T.)

24 "Infinitos são os que gostaram da tal história; e alguns culparam a falta de dolo a memória do autor, pois se esquece de contar quem foi o ladrão que furtou o ruço a Sancho, coisa que ali não se declara, e só do que está escri-

dem, p.655). O engano da primeira edição é assim transformado em motivo literário do próprio romance. No capítulo seguinte, o próprio Sancho conta como e quando seu burro foi roubado e novamente encontrado e replica a Sansão Carrasco que notou que o engano é *"antes de haber parecido el jumento dice el autor que iba a caballo Sancho en el mismo rucio"* ... *"A eso no sé que responder, sino que el historiador se engaño, o ya sería descuido del impresor"*[25] (ibidem, p.657). Muito antes da visita à tipografia, o local de trabalho onde os livros são impressos e corrigidos (ou mal corrigidos) está presente na narrativa graças à ironia de Cervantes sobre sua própria falta de cuidado – atribuída ao tipógrafo.

O fato de os protagonistas do *Quixote* serem também leitores ou comentadores do *Quixote* era para Borges (1952) uma das "magias parciais" do romance. Para ele, esse artifício literário constituiu uma das poderosas invenções graças à qual Cervantes fundiu o mundo do texto e o mundo do leitor: *"Por qué nos inquieta que Don Quijote sea lector del* Quijote *y* Hamlet *espectador del* Hamlet? *Creo haber dado con la causa: tales inversiones sugieren que si los caracteres de una ficción pueden ser lectores o espectadores, nosotros, sus lectores y espectadores, podemos ser ficticios"*[26] (p.79).

---

to se infere que lho tiraram, e dali a pouco vêmo-lo montado no mesmo jumento, sem se saber como...". (N. T.)

25 "antes de ter aparecido o jumento, diz o autor que ia Sancho montado no mesmo ruço"... "A isso não sei que hei de responder, senão que o historiador se enganou, ou talvez fosse descuido do impressor." (N. T.)

26 "Por que nos inquieta que Dom Quixote seja leitor do

Os protagonistas do *Quixote* não conhecem, porém, apenas o romance no qual são os heróis. Eles leram também a continuação de Avellaneda. O romance de Cervantes não se apropria somente das técnicas da tipografia, mas também das práticas literárias e do comércio livreiro de seu tempo. Voltemos à estalagem para onde Dom Jerônimo e Dom Juan levaram um exemplar da segunda parte apócrifa. Ao ouvir Dom Juan dizer que *"lo que a mí en este me más desplace es que pinta a Dom Quijote ya desenamorado de Dulcinea del Toboso"*,[27] Dom Quixote intervém na conversa, nega a afirmação insultuosa e se dá a conhecer aos dois *hidalgos*. Desse momento em diante, Cervantes faz um jogo sutil e deslumbrante com o livro publicado um ano antes de sua própria segunda parte e que é considerada *"la tercera salida"* do cavaleiro errante, tal como foi anunciada e resumida no último capítulo da primeira parte com as seguintes palavras: *"solo la fama ha guardado, en las memorias de la Mancha, que don Quijote la tercera vez que salió de su casa fue a Zaragoza, donde se halló en unas famosas justas que en aquella cuidad se hicieron"*[28] (Cervantes, 1998, p.591).

---

*Quixote* e Hamlet seja espectador do *Hamlet*? Creio ter encontrado a resposta: tais inversões sugerem que se os personagens de uma ficção podem ser leitores ou espectadores, nós mesmos, seus leitores e espectadores, podemos ser fictícios." (N. T.)

27 "o que mais me desagrada é pintar Dom Quixote já desenamorado de Dulcineia del Toboso". (N. T.)

28 "só a fama guardou, nas memórias da Mancha, que Dom Quixote, a terceira vez saiu de sua casa, foi a Saragoça,

No capítulo LIX da segunda parte, Dom Quixote não somente refuta a declaração de Avellaneda (ele afirma que está e sempre estará apaixonado por Dulcineia), como também declara que os eventos que a continuação narra como quase acontecidos nunca acontecerão. Quando soube que Avellaneda havia relatado como ele se comportou nas justas de Saragoça, Dom Quixote decide não ir mais para lá: *"No pondré los pies en Zaragoza y así sacaré a la plaza del mundo la mentira de eses historiadores modernos y echarán de ver las gentes como yo no soy el don Quijote que él dice"*[29] (ibidem, p.1115). À maneira de Pope, a narrativa de Cervantes "falsifica" a de Avellaneda, divulgando como alguma coisa que não irá acontecer no futuro foi relatado como uma realidade passada. Dom Quixote, na verdade, não irá a Saragoça, mas sim a Barcelona, onde visitará a tipografia e as galés de imprensa.

No mesmo capítulo LIX, Dom Quixote folheia o livro de Avellaneda: *"Le tomó don Quijote y, sin responder palabra, comenzó a hojearle"*.[30] Por uma irônica inversão, acusou seu autor de negligência: *"En este poco que he visto he hallado tres cosas en este autor dignas de reprehensión ... la tercera, que más le confirma por ignorante, es*

---

    onde se achou numas famosas justas que naquela cidade se fizeram". (N. T.)
29 "Não porei os pés em Saragoça; e, assim, mostrarei a mentira desse historiador moderno; e verão as gentes que não sou o Dom Quixote que ele diz". (N. T.)
30 "Pegou-lhe Dom Quixote e, sem responder palavra, principiou a folheá-lo". (N. T.)

*que yerra y se desvía de la verdad en lo más principal de la historia, porque aquí dice que la mujer de Sancho Panza mi escudero se llama Mari Gutiérrez, y no llama tal, sino Tereza Panza, y quien en esta parte tan principal yerra, bien se podrá temer que yerra en todas las demás de la historia*"[31] (ibidem, p.1112). A ridícula crítica dirigida ao negligente autor da continuação é uma divertida maneira com a qual Cervantes está zombando de seus próprios críticos, que haviam denunciado, assim como Lope de Vega havia feito em sua *"comedia" Amor sin saber a quien*, sua falta de deferência para com seus leitores.

Muitas são as alusões à continuação de Avellaneda no último capítulo do romance. No capítulo LXII, Dom Quixote sai da tipografia com estas palavras: *"Ya yo tengo noticia deste libro, y en verdad y en mi conciencia que pensé que ya estaba quemada y hecho polvos por impertinente"*[32] (ibidem, p.1146). No capítulo LXX, na visão infernal de Altisidora, os demônios jogam tênis (*"pelota"*) com livros em vez de bolas. Um desses livros é a *"Segunda parte de la historia de don Quijote de la Mancha, no compuesta por Cide Hamete, su*

---

[31] "No pouco que vi, achei três coisas neste autor dignas de repreensão ... a terceira, que mais o confirma por ignorante, é o errar e desviar-se da verdade no mais principal da história, porque diz aqui que a mulher do meu Sancho Pança se chama Maria Gutiérrez, e não se chama tal: chama-se Teresa Pança; e, quem erra nessa parte tão importante, bem se poderá recear que erre em todas as outras da história." (N. T.)

[32] "Já tenho notícia deste livro e em boa consciência pensei que estava queimado e reduzido a pó, por impertinente." (N. T.)

*primer autor, sino por un aragonés, que el dice ser natural de Tordesilhas*". Um demônio grita: "*Quitádmele de ahí y metedle en los abismos del infiermo, no le vean más mis ojos'. '¿Tan malo es? – respondió el otro'. 'Tan malo – replicó el primero –, que si de propósito yo mismo me pusiera a hacerle peor, no acerto*'"[33] (ibidem, p.1195).

A brincadeira com a continuação culmina no capítulo LXXII, em que Dom Quixote e Sancho encontram Dom Álvaro Tarfe, um dos personagens de Avellaneda. Após ter negado que o Dom Quixote que encontra seja o verdadeiro Dom Quixote, Dom Álvaro é obrigado a reconhecer que o Dom Quixote que conheceu no romance, no qual ele é um dos protagonistas, não é o verdadeiro. Este nunca tomou parte nas justas de Saragoça; ele nunca foi trancado em um hospício em Toledo. Dom Álvaro aceita fazer a declaração diante do prefeito da vila, que toma a forma judicial de uma *"petición"*, em que, *"de que a su derecho le convenía"*, declara *"como no conocía a don Quijote de la Mancha, que asimismo estaba allí presente, y que no era aquel que andava impreso en una historia intitulada* Segunda parte de don Quijote de la Mancha, compuesta por un tal de Avellaneda, natural de Tordesillas"[34] (ibidem, p.1208). Usan-

---

33 "'Tira-mo daí'... 'e metei-o nos mais profundos abismos do inferno, para que não vejam mais os meus olhos.' 'Tão mau ele é?', redargüiu o outro. 'Tão mau', replicou o primeiro, 'que, se eu de propósito me metesse a fazê-lo pior, não o conseguiria'." (N. T.)

34 "que ao seu direito convinha"... "que não conhecia o famoso Dom Quixote de la Mancha, que também presente se achava, e que não era ele que figurava numa história,

do de forma paródica vocabulário e fórmulas legais, a declaração de Dom Álvaro é um dos estratagemas com os quais Cervantes transforma em tema fictício o plágio de Avellaneda. Nesse sentido, os *"effets de réel"* do romance não são produzidos unicamente, como observou Borges (1952), por sua localização nos *"polvorientos caminos y los sórdidos mesones de Castilla"*[35] (p.75), mas em primeiro lugar pelos permanentes intercâmbios entre a ficção e as condições técnicas ou literárias que comandam sua composição (nos dois sentidos da palavra) e sua circulação.

A última alusão à continuação de Avellaneda é feita no último capítulo do romance e apresentada com a última cláusula do testamento de Dom Quixote: *"Iten, suplico a los dichos señores mis albaceas que si la buena suerte les trujere a conocer al autor que dicen que compuso una historia que anda por ahí con el título* Segunda parte de las hazañas de don Quijote de la Mancha, *de mi parte le pidan, cuan encarecidamente ser pueda, perdone la ocasión que sin yo pensarlo le di de haber escrito tantos y tan grandes disparates como en ella escribe, porque parto desta vida con escrúpulo de haberle dado motivo para escribirlos"*[36] (Cervantes, 1998, p.1220-1).

---

    impressa com o título de *Segunda parte de Dom Quixote de la Mancha, composta por um tal de Avellaneda, natural de Tordesilhas."* (N. T.)

35 "poeirentas estradas e sórdidas estalagens de Castilla". (N. T.)

36 "Item, suplico aos ditos senhores meus testamenteiros que se a boa sorte lhes fizer conhecer o autor que dizem que compôs uma história, que por aí corre, com o título de

O irônico perdão concedido a Avellaneda não pode ser separado do retorno de Dom Quixote à razão: *"Yo tengo juicio ya libre y claro, sin las sombras caliginosas de la ignorancia que sobre él me pusieron mi amarga y continua leyenda de los detestables libros de las caballerías"*.[37] O mais imediato sinal de tal recuperação do juízo é a recuperação do nome: *"Dadme albricias, buenos señores, de que ya yo no soy don Quijote de la Mancha, sino Alonso Quijano, a quien mis costumbres me dieron renombre de 'bueno'"*[38] (ibidem, p.217). O fato de Dom Quixote apropriar-se de seu verdadeiro nome marca o real final da fábula, antes mesmo de sua morte, visto que é o exato reverso do gesto que a iniciava quando o *hidalgo* Quijana, como será nomeado na segunda edição de 1605 (Rico, 1994, p.431-9) *"se vino a llamar don Quijote"*[39] (Cervantes, 1998, p.42).

O que é talvez o mais extraordinário momento de todo o romance é então apresentado ao leitor quando os outros personagens querem perpetuar

---

*Segunda parte das façanhas de Dom Quixote de la Mancha*, lhe peçam da minha parte, o mais encarecidamente que puderem, que me perdoe a ocasião que sem querer lhe dei para escrever tantos e tamanhos disparates, porque saio desta vida com o escrúpulo de lhe ter dado motivo para que os escrevesse." (N. T.)

37 "Tenho o juízo já livre e claro, sem as sombras caliginosas da ignorância com que o ofuscou a minha amarga e contínua leitura dos detestáveis livros de cavalaria." (N. T.)

38 "Dai-me alvíssaras, bons senhores, que já não sou Dom Quixote de la Mancha, mas sim Alonso Quijano, que adquiri pelos meus costumes o apelido de 'Bom'." (N. T.)

39 "disparou em chamar-se Dom Quixote". (N. T.)

a ficção transformando os pastores no que tinham decidido viver, no que ainda viviam, num mundo encantado muito mais agradável do que o verdadeiro. Sansão Carrasco, Sancho, o próprio narrador procuram desesperadamente sustentar a fábula e continuam a chamar Alonso Quijano de Dom Quixote. Pela segunda vez, Dom Quixote teve de afirmar que havia mudado seu nome: *"Yo fui loco y yo ya soy cuerdo; fui don Quijote de la Mancha y soy ahora, como he dicho, Alonso Quijano el Bueno"*[40] (ibidem, p.1220). A partir desse momento, os dois nomes designam a dupla identidade do herói: de um lado, a identidade de *"un hidalgo de las lanzas en astillero, adarga antigua, rocín flaco y galgo corredor"*[41] (ibidem, p.35), e, de outro, a autoconcedida identidade de um fabuloso cavaleiro errante viajando *"por todo el mundo con sus armas y caballo a buscar las aventuras"*[42] (ibidem, p.40).

Usando a nomeação e a "desnomeação" do herói como um elemento-chave de uma *mise en abîme* da fábula – aventuras de Dom Quixote, dentro da ficção, o romance como um todo –, Cervantes mais uma vez dá um profundo sentido às características comuns das edições do mundo moderno: a insta-

---

40 "Fui louco e estou hoje em meu juízo; fui Dom Quixote de la Mancha, e sou agora, como disse, Alonso Quijano, o Bom...". (N. T.)
41 "um fidalgo dos de lança em cabido, adarga antiga, rocim fraco e galgo corredor". (N. T.)
42 "por todo o mundo com suas armas e cavalo à cata de aventuras". (N. T.)

bilidade dos nomes dos personagens. *Trabalhos de amor perdido* (como vimos) ou *Lazarillo de Tormes*, onde, a despeito do título, o herói nunca é chamado de Lazarillo, mas sim de Lázaro (exceto num trocadilho com as palavras "lacerado"/Lazarillo) (Rico, 1988, p.113-51), são exemplos entre muitos outros dessa mobilidade dos nomes que podem ser atribuídos ao desejo de cuidado do autor, às decisões ou enganos do tipógrafo-chefe ou do revisor, ou a uma parcela de concepção pessoal que não supõe uma identidade fixa, estável e determinada (Stallybrass, 1992, p.593-612; Cloud, 1991, p.8896). O gênio de Cervantes transforma essas tipográficas variações de nomes, quaisquer que sejam suas razões, em um essencial critério delineador do tempo e do espaço do encantamento.

O cuidado conferido por Cervantes aos complexos e colaborativos processos pelos quais um texto se torna um livro pode levar-nos a conclusões gerais. Para algumas abordagens de textos literários tal cuidado não é importante. A definição legal do conceito de direitos autorais como era estabelecido no século XVIII pressupõe que o trabalho seja sempre o mesmo, independentemente de qualquer uma de suas particulares personificações (Rose, 1993, p.734, 89-91, 131-2). O julgamento estético considera os trabalhos literários como entidades cujos efeitos não devem nada às suas diferentes formas, edições ou execuções (Woodmansee, 1994, p.34-53). Finalmente, a crítica desconstrucionista lida com categorias ("arquiescrita", "iterabilidade") que tentam, exatamente, superar as diferenças empíricas entre oralidade e escrita, entre a singularidade do ato da fala e a reprodutibilidade dos textos escritos, entre as diferentes maneiras de escrever o discurso.

Para a abordagem crítica e histórica, porém, tentei mostrar que tais diferenças são decisivas se pudermos compreender o que acontece quando um leitor (um espectador ou um ouvinte) encontra um trabalho sempre oferecido numa forma específica. A "abstração" legal ou estética do texto não tem importância para o processo de apropriação do leitor. Entender o fato exige, de um lado, a formação de leitores ou de espectadores como membros de diferentes "comunidades interpretativas" que partilham as mesmas habilidades, códigos, hábitos e práticas, e, de outro, a caracterização dos efeitos produzidos nos textos por suas diferentes formas de publicação e de transmissão.

Há alguns anos, Margreta De Grazia & Peter Stallybrass (1993, p.256) lembraram que o descuido com os objetos textuais leva a crítica literária (mas também, gostaria de acrescentar, a história cultural) a um metodológico beco sem saída, seja por ignorar os efeitos das práticas da tipografia sobre as formas dadas à linguagem literária seja por impor, de maneira anacrônica, categorias contemporâneas a textos que foram compostos, publicados e postos em circulação de acordo com critérios e processos muito diferentes. A aguda consciência de Cervantes em relação às coações e possibilidades da cultura impressa e ao comércio de livros permite-nos superar tais riscos. Ele nos lembra a histórica variação das diversas operações que contribuem para a produção coletiva não somente dos livros, mas também dos próprios textos. Além disso, mostra que os contatos entre literatura e mundo social não são apenas, como demonstrou Stephen Greenblatt (1988, p.101), aquisições de objetos, apropriação de linguagens ou deslocamentos simbólicos de práticas ritualísticas ou da vida diária. Eles são também negociações permanentes entre trabalhos como criações poéticas, imateriais, e o mundo prosaico da imprensa, tinta e tipos. Nesse processo o que está em jogo não é somente a circulação da energia social, mas também a inscrição da vitalidade do texto.

# A mediação editorial[1]

"*Nosotros procuramos formar un libro perfectamente acabado, el qual constando de buena doctrina, y acertada disposición del Impresor y Corrector, que equiparo al alma del libro; y impreso bien en la prensa, con limpieza y asseo, le puedo comparar al cuerpo airoso y galan.*"
(Alonso Victor de Paredes, *Institución y origen del Arte de la Imprenta*, c.1680)

A questão essencial que, na minha opinião, deve ser colocada por qualquer história do livro, da edição e da leitura é a do processo pelo qual os diferentes atores envolvidos com a publicação dão sentido aos textos que transmitem, imprimem e leem. Os textos não existem fora dos suportes

---

[1] Versão modificada de artigo publicado em Cadioli, A. et al. (Org.) *La mediazione editoriale*. Il Saggiatori, Fondazioni Arnoldo e Alberto Mondatori, 1999, p.9-20.

materiais (sejam eles quais forem) de que são os veículos. Contra a abstração dos textos, é preciso lembrar que as formas que permitem sua leitura, sua audição ou sua visão participam profundamente da construção de seus significados. O "mesmo" texto, fixado em letras, não é o "mesmo" caso mudem os dispositivos de sua escrita e de sua comunicação. Nasce daí a importância reconquistada pelas disciplinas que têm como finalidade justamente a descrição rigorosa dos objetos escritos e impressos que carregam os textos: paleografia, codicologia, bibliografia.

De modo durável – e paradoxalmente – a história do livro separa o estudo das condições técnicas e materiais de produção ou de difusão dos objetos impressos e a dos textos que eles transmitem, considerados como entidades cujas diferentes formas não alteram a estabilidade linguística e semântica. Há na tradição ocidental numerosas razões para essa dissociação: a força perdurável da oposição, filosófica e poética, entre a pureza da ideia e sua corrupção pela matéria, a invenção do *copyright* que estabelece a propriedade do autor sobre um texto sempre idêntico a si mesmo, seja qual for seu suporte, ou ainda a definição de uma estética que considera as obras em seu conteúdo, independentemente de suas formas particulares e sucessivas. Não há dúvida nenhuma de que são as possibilidades de reprodução oferecidas pela invenção de Gutenberg, assim como a dispersão do texto impresso em múltiplos estados que, nos raciocínios neoplatônicos, conduziram as justificativas da propriedade literária ou as categorias do julgamento de gosto à abstração dos discursos.

As duas abordagens críticas contemporâneas que resolveram assumir mais energicamente as modalidades materiais da inscrição da linguagem, por meio de um novo paradoxo, não se chocaram, mas, ao contrário, reforçaram tal processo de abstração textual. A bibliografia descritiva e analítica pôs o exame minucioso e formalizado dos diferentes estados de uma mesma obra (edições, emissões, exemplares) a serviço do estabelecimento de um texto ideal, depurado de todas as deformações trazidas pelo processo de publicação e fiel à obra tal como foi escrita, ditada, pensada ou sonhada por seu autor. Nasce daí a obsessão pelos manuscritos perdidos numa disciplina destinada ao confronto de objetos impressos e a separação radical entre o texto em sua identidade perfeita e ideal e suas múltiplas encarnações, no livro e na página, sempre incorretas e deficientes.

A abordagem desconstrucionista também insistiu, porém de forma diferente, na materialidade da escrita, nas diferentes formas de inscrição da linguagem. Mas, em seu desejo de anular as oposições mais imediatas (entre a oralidade e a escrita, entre a singularidade dos atos de palavra e a reprodução do escrito), construiu noções englobantes ("arquiescrita", "iterabilidade") que podem apenas afastar da percepção algumas diferenças que elas subsumem. Daí a necessária supressão das materialidades textuais no seio de categorias conceitualmente definidas longe das evidências empíricas.

Em primeiro lugar, é contra essa desmaterialização dos textos que é preciso trazer toda produção escrita, seja qual for seu gênero ou estatuto, às categorias de citação de designação e de classificação de acordo com o tempo e o lugar que lhe são próprios e, ao mesmo tempo, às formas materiais de sua inscrição e de sua transmissão. Esquecer essa dupla historicidade do escrito significa arriscar o anacronismo que impõe aos textos antigos formas e significados que lhes eram totalmente estranhos e que os desfigura, submetendo-os a categorias elaboradas pela estética pré-romântica e pela filologia erudita.[2]

A atenção que foi dada à materialidade dos textos levou de uma análise estritamente morfológica dos objetos a uma interrogação sobre a função expressiva dos elementos não verbais que intervêm não apenas na organização do manuscrito, ou na disposição do texto impresso, mas também na representação teatral, na recitação, na leitura em voz alta etc. – o que D. F. McKenzie (1986) designa como *"the relation of form to meaning"*.[3] Ela acentuou, de outro lado, que o processo de "publicação" dos textos implica sempre uma pluralidade de espaços, de técnicas, de máquinas e de indivíduos. Portanto, trata-se, antes de tudo, de encontrar quais foram as diferentes decisões e intervenções que deram aos textos impressos suas diferentes formas materiais.

---

2 Ver, para o teatro elisabetano, os artigos de Stallybrass (1992), e de De Grazia & Stallybrass (1993).

3 "a relação da forma com o sentido". (N. T.)

Tomemos como exemplo a pontuação nas edições antigas, entre a metade do século XV e o início do século XIX. A quem se devem atribuir as formas gráficas e ortográficas das edições antigas? Segundo várias tradições críticas, a resposta não implica nem o mesmo momento do processo de publicação nem os mesmos atores. Em relação à bibliografia, em sua definição anglo-saxã, as escolhas gráficas e ortográficas cabiam aos tipógrafos. Nem todos os tipógrafos das oficinas antigas tinham a mesma forma de ortografar as palavras ou de marcar a pontuação. Daí a volta regular das mesmas formas gráficas ou das mesmas escolhas de pontuação em razão das preferências do impressor que compôs tipograficamente as páginas. Nessa perspectiva, baseada no exame da materialidade das obras impressas, a pontuação é considerada, assim como as variações gráficas e ortográficas, o resultado não da vontade do autor que escreveu o texto, mas sim dos hábitos dos operários que o compuseram para que se tornasse um livro impresso.[4]

Numa outra perspectiva, a da história da língua, o essencial acontece alhures: na preparação do manuscrito para a composição, tal como é realizada pelos "corretores" que acrescentam maiúsculas, acentos e pontuação, que fixam as convenções gráficas, que normalizam a ortografia e a sintaxe. Se as escolhas quanto à pontuação per-

---

4 Sobre o processo de composição de obras antigas, ver as clássicas obras de Bowers (1994), e de Gaskell (1972). Ver, igualmente, Veyrin-Forrer (1989).

manecem como o resultado de um trabalho ligado à oficina tipográfica e ao processo de publicação, elas não são mais da alçada dos operários compositores, mas dos letrados (escrivães, graduados das universidades, professores primários etc.) contratados pelas livrarias e por impressores para garantir às suas edições a maior correção possível (cf. Trovato, 1991, 1998; Richardson, 1994). Nasce daí o papel decisivo dos "corretores" cujas intervenções se realizam em vários momentos do processo editorial: a preparação e a calibragem do manuscrito que serve de original para a composição, a correção das provas; as correções durante a tiragem, a partir da revisão das folhas já impressas (o que explica os diferentes estados das páginas pertencentes a uma mesma forma numa mesma edição), ou o estabelecimento das *errata* em suas duas formas, tanto as correções a caneta nos exemplares impressos quanto os fólios de errata, acrescentados ao fim do livro, que permitem ao leitor corrigir pessoalmente seu próprio exemplar.[5]

Em raros casos é possível atribuir a pontuação das edições antigas não aos hábitos dos compositores nem às decisões dos corretores, mas às próprias intenções do autor. É o que acontece na Inglaterra dos séculos XVI e XVII sempre que as variações do significado do mesmo texto dependem das diferenças na maneira de pontuá-lo: assim, por exemplo, com os poemas cujos sentidos mudam se

---

5 Sobre todas essas operações, ver a obra coletiva *Imprenta y crítica textual en el Siglo de Oro*, Rico (2000).

o leitor segue a pontuação indicada no final dos versos ou no meio deles (cf. Parkes, 1993, p.210-1), assim também nas obras teatrais em que uma pontuação incorreta inverte o próprio sentido do texto. Da mesma forma, se seria muito arriscado atribuir diretamente a Molière a escolha da pontuação das edições originais de suas peças, não é menos verdade que as diferenças de pontuação que existem entre essas primeiras edições e as edições posteriores indicam, se não as intenções do autor, pelo menos as modalidades desejadas quanto ao destino do texto impresso. Elas atestam claramente um elo mantido com a oralidade, seja por destinarem o texto impresso a uma leitura em voz alta seja por ajudarem o leitor que queira ler em silêncio a reconstruir interiormente os tempos e as pausas do desempenho dos atores. A pontuação de oralidade não deixa de influenciar o próprio sentido das obras: ela permite caracterizar diferentemente os personagens; ela cria um tempo para que sejam imaginados os jogos de cena; ela põe em evidência as palavras carregadas de uma significação particular (cf. Hill, 1983). Enquanto os dois últimos versos de *Tartufo* não trazem nenhuma vírgula nas edições modernas, o mesmo não acontece na edição de 1669: "*Et par un doux hymen, couronner en Valère/La flamme d'un Amant généreux, & sincère*".[6] A última palavra da peça, "*sincère*", está assim claramente separada pela vírgula que a precede como o antô-

---

6 "E, por doces núpcias, coroar, em Valère, a chama do amante generoso e sincero." (N. T.)

nimo que figura no título, *Tartufo, ou o Impostor*. No conjunto dessas mediações que conferem ao texto as formas de sua inscrição na página, o editor (no sentido moderno do termo) parece intervir pouco. Os atores essenciais são o autor, raramente é verdade, os copistas, os corretores e os tipógrafos.

No "antigo regime tipográfico", as intervenções propriamente editoriais se realizam não na ortografia, na grafia ou na pontuação do texto, mas nas escolhas feitas em razão dos públicos visados e que comandam as decisões quanto ao formato, ao papel, aos caracteres, à presença ou não de ilustrações. Tomemos como exemplo o repertório da venda ambulante. Na França, na charneira entre os séculos XVI e XVII, impressores instalados na cidade de Troyes inventam uma nova fórmula editorial. Empregando caracteres usados, utilizando novamente madeiras gravadas que haviam sido abandonadas com o triunfo do talho-doce, imprimindo num papel ordinário, fabricado pelos papeleiros da Champagne, publicam livros e brochuras de baixo preço, designados como "livros azuis" – o que é uma alusão ao fato de muitos deles (mas não todos) serem encapados de papel azul.

São essas características materiais que dão identidade à fórmula editorial da Biblioteca Azul e não o *corpus* dos textos postos em circulação por essas impressões baratas. Estes últimos, de fato, geralmente não foram escritos com tal finalidade editorial. São eles extraídos do repertório dos textos já publicados e escolhidos porque parecem convir às expectativas e às competências da grande clientela que os editores da região da Champagne desejam atingir. É essa a razão da extrema diversidade do catálogo da Biblioteca Azul, que utiliza livros de todos os gêneros e de todos os períodos. É essa também a razão da distância, às vezes muito grande, que separa a data da redação dos textos e a de sua difusão entre o maior público possível.

Composta a partir de títulos cujo privilégio expirou, a Biblioteca Azul reúne textos que formam série, seja por seu gênero (vida de santos, romances de cavalaria, contos de fadas) seja pelo campo de práticas nas quais eles são utilizáveis (exercícios de devoção, coleção de receitas, cartilhas) seja pela recorrência de uma temática encontrada sob diferentes formas (discursos sobre as mulheres, sátira dos ofícios, literatura da malandragem). São assim criadas redes de textos que remetem aos mesmos gêneros ou aos mesmos motivos e que, desse modo, não desorientam as expectativas de seus leitores.

As transformações realizadas pelos "corretores" que trabalham para os editores da Champagne reforçam esses parentescos entre os textos. Suas intervenções são de três tipos. De um lado, elas transformam a própria apresentação do texto, multiplicando os capítulos, mesmo que essa divisão não tenha nenhuma necessidade narrativa ou lógica, e aumentando o número de parágrafos. Esse recorte é comandado pela ideia que têm os editores das competências e dos hábitos de leitura do público que procuram atrair – uma leitura frequentemente interrompida, que exige pontos de referência explícitos, que somente se sente à vontade com sequências breves e fechadas sobre si mesmas. De outro, as intervenções editoriais encurtam os textos, amputam fragmentos ou episódios considerados inúteis, comprimindo as frases, suprimindo relativas e intercaladas, adjetivos e advérbios. A leitura implícita suposta por tal estratégia de redução é uma leitura que somente pode apreender enunciados simples, breves e lineares. Enfim, os livreiros-impressores de Troyes retiram dos textos seu vocabulário escatológico, suas alusões sexuais e suas fórmulas blasfematórias. Trata-se, portanto, de censurar os textos de acordo com as normas da decência e da religião propostas pela Reforma católica.

Feito rapidamente e sem grande cuidado, esse trabalho de adaptação leva muitas vezes a incoerências. As dificuldades de compreensão são, pois, introduzidas nos textos exatamente pelas operações que desejam tornar sua leitura mais fácil. Essa contradição está ligada às necessidades da edição barata, que supõe custos baixos e, portanto, poucas exigências quanto à preparação do original ou à revisão das provas. Ela indica também que a leitura dos "livros azuis" pode satisfazer-se com uma coerência mínima do texto, que ela é aproximativa, que se prende a significações globais e não à própria letra das obras lidas (cf. Martin, 1975; Chartier, 1987b; Delcourt & Parinet, 2000).

Na Castela, desde o final do século XV, a fórmula do *pliego suelto* [dobra solta] é responsável por uma ampla circulação da mais tradicional forma poética: o *romance*. Os *romances* são poesias compostas de versos octossílabos, com assonância nos versos pares, cuja origem está ligada seja às canções de gesta, das quais seriam fragmentos que se tornaram autônomos, seja à poesia lírica tradicional, as das baladas. Feitos para serem cantados, assim como toda a poesia épico-lírica, mais tarde fixados pela escrita, os *romances* conheceram uma dupla circulação: na tradição oral e, sob duas formas muito diferentes, na forma impressa.

A primeira nos é dada pelas antologias, pelas coleções, pelas coletâneas que tomam a forma de *cancioneros* (ou coletâneas de canções) e que comportam várias dezenas ou centenas de *romances*. Essas coletâneas, cuja série começa em 1511, são endereçadas a leitores ricos, pertencentes ao mundo dos letrados. A segunda forma de circulação é aquela assegurada pelos *pliegos sueltos*. Um *pliego* é uma folha de imprensa dobrada duas vezes, o que produz um objeto impresso de formato quarto, composto de quatro fólios, portanto oito páginas. O mais antigo *pliego* conservado como suporte de um *romance* data de 1510 e foi impresso em Saragoça. Estão assim associados um gênero poético breve e um gênero editorial adaptado às possibilidades da imprensa espanhola dos séculos XVI e XVII, caracterizada por pequenas oficinas de limitada capacidade de produção, mas que podem, com um único prelo, imprimir num dia entre 1.200 e 1.500 exemplares de uma folha de imprensa. Esse é o sucesso da fórmula (cf. Infantes, 1992).

Se, num primeiro momento, a fórmula impressa se ajusta à forma poética, o movimento em seguida será inverso. O primeiro repertório de *romances* impressos, o dos *romances viejos*, resulta das escolhas feitas pelos livreiros da primeira metade do século XVI no interior da tradição oral e manuscrita. Os *romances nuevos*, escritos mais tarde por poetas letrados como Góngora ou Lope de Vega, para leitores cultos, usam novamente a métrica tradicional dos textos antigos, jogam com os arcaísmos da língua e submetem-se às dimensões do *pliego*. O mesmo acontece, nos séculos XVII e XVIII, com os *romances de ciego*, compostos para um público popular por autores anônimos e especializados, apresentados exatamente como aqueles que asseguram seu comércio – isto é, os cegos (*los ciegos*) vendedores ambulantes de impressos.

Na Castela são de fato os cegos, geralmente organizados em confrarias, que possuem o monopólio da venda dos impressos mais modestos, dos quais cantam os títulos ou os textos (cf. Brotel, 1973, 1974). Os *romances* não são o único gênero que propõem a seus clientes. Vendem igualmente as *relaciones de sucesos*, que trazem a narrativa em prosa de grandes feitos políticos ou de acontecimentos extraordinários, e, a partir da metade do século XVII, o texto das *comedias* representadas nos teatros ao ar livre das grandes cidades espanholas.

Na Inglatera, as *ballads* constituem o gênero fundamental da literatura de venda ambulante entre a metade do século XVI e a metade do século XVII, com aproximadamente três mil títulos em circulação (cf. Watt, 1991; Fox, 1994, 2000). Trata-se de textos largamente difundidos, dado seu preço muito baixo que os põe ao alcance dos mais modestos compradores. As *ballads* são geralmente impressas de um só lado de uma folha de tipografia, segundo uma disposição regular com, de alto a baixo da folha, o título, a indicação da melodia com a qual a *ballad* deve ser cantada, uma madeira gravada e o texto disposto em duas colunas. Essas *broadside ballads* (o termo *broadside* designa a folha impressa somente de um lado) podem ser coladas numa parede, no interior da casa ou num lugar público, e podem também circular de mão em mão. A própria forma do objeto impresso sugere que as *ballads* eram lidas em voz alta por aqueles que, mais bem alfabetizados do que outros, podiam servir de mediadores de leitura para os menos preparados.

A indicação da melodia que figura na *broadside* indica também que o texto é feito para ser cantado, com ou sem acompanhamento instrumental, seja pelos músicos profissionais que cantam nas feiras, nos mercados, nas tavernas, por ocasião das festas urbanas ou nas moradas aristocráticas, seja por companhias de comediantes que inscrevem as canções nas peças que põem em cena, eles também, nas feiras e nos mercados ou nas casas nobiliárias, seja enfim pelos vendedores ambulantes que não somente vendem as *ballads*, mas também as cantam.

As *broadside ballads* constituem um largo mercado, progressivamente conquistado por livreiros especializados que estabelecem quase um monopólio do gênero. A partir de 1624, cinco livreiros-editores da Stationer's Company, os *ballad partners*, partilham entre si a difusão, em larga escala, das folhas impressas que trazem as canções. Aproveitando seus numerosos trunfos (o controle das redes de vendedores ambulantes, o conhecimento das preferências dos leitores populares, a prioridade dos títulos de grande circulação), esses editores de *ballads* inventam e exploram, no decênio de 1620, um novo comércio: o dos *chapbooks* ou livros de venda ambulante (cf. Spufford, 1981; Duval, 1991).

A regra editorial é rígida, distinguindo nitidamente três categorias de impressos: os *small books* que comportam 24 páginas *in-8º* ou *in-12º* vendidos a dois *pence*, ou dois *pence* e meio, os *double books*, compostos de 24 páginas em formato quarto, que custam três ou quatro *pence*, e as *histories* que possuem de 32 a 72 páginas e cujo preço é de cinco ou seis *pence*. O repertório de que se apropria a fórmula dos *penny books* adapta e às vezes abrevia textos antigos, religiosos ou seculares, de diferentes gêneros e tradições, e muito aparentados aos que, na mesma época, são escolhidos pelos impressores de Troyes para os livros azuis. Distribuídos pelos vendedores ambulantes aos leitores de todas as camadas sociais, incluídas as mais humildes, os *chapbooks* recebem numerosas edições com enormes tiragens. Nos anos 1660, a edição inglesa publica um *chapbook* para doze famílias, e um almanaque para três.

No século XVIII, e em seguida ainda mais, a rigidez das diferentes formas editoriais parece menos forte, como provam a variedade das formas e do tamanho dos livros da Biblioteca Azul e a diversidade dos gêneros que compõem o repertório do *cordel* (cf. Botrel, 1993). Mesmo antes da concorrência dos novos tipos de impressos que surgem no século XIX, os catálogos das livrarias de vendas ambulantes entram na era da diversidade, desfazendo os elos estreitos que uniam antes uma fórmula editorial, um *corpus* de textos e um público popular.

Os editores (ou seja, o livreiro ou o impressor que decide publicar uma obra, que publica um livro), sem necessariamente controlar a própria forma dos textos, entregues às preferências dos autores, dos copistas, dos corretores e dos compositores, desempenharam, contudo, um papel essencial na mediação cultural inventando as fórmulas capazes de associar repertório textual e capacidade produtiva.

Em relação à cultura escrita, dois problemas inquietaram os homens e as mulheres da primeira modernidade, entre o final do século XV e o início do século XIX: o receio da perda e o medo do excesso. O primeiro desses pensamentos produziu um conjunto de gestos visando salvaguardar o patrimônio escrito da humanidade: da coleta dos textos antigos à edição dos manuscritos, da edificação de grandes bibliotecas à organização dessas "bibliotecas sem paredes" que são os catálogos, os inventários, as enciclopédias. Os editores desempenharam um papel nessa tarefa, transformando, graças à imprensa, em objetos duráveis, multiplicados, difundidos, o que os outros suportes do escrito não podiam salvar do efêmero. Porém, a multiplicação da produção impressa é logo vista como um perigo. Para dominar esse possível excesso, são necessários instrumentos que permitam selecionar, classificar, hierarquizar. Essas ordenações cabem a múltiplos atores, mas os editores, por suas escolhas, desempenham um papel essencial nessa domesticação da abundância.

Nasce daí a ambivalência fundamental da atividade editorial e do comércio do livro. De um lado, somente eles podem assegurar a constituição de um mercado dos textos e dos julgamentos. São eles uma condição necessária para que possa ser construída uma esfera pública literária e um uso crítico da razão. Mas, de outro, em virtude de suas próprias leis, a edição submete a circulação das obras a coerções e a finalidades que não são idênticas àquelas que governaram sua escrita. Entre essas duas exigências, a tensão não se resolve facilmente. Mas é ela que faz que a história da mediação editorial não seja apenas um capítulo da história econômica, mas também o ponto em que possa ser compreendida uma dupla trajetória: a dos textos cujas significações mudam quando mudam as formas de sua feitura ou de sua paginação (cf. Martin, 2000), a do público leitor, cuja composição social e cujas expectativas culturais se modificam quando se modificam as possibilidades de acesso à cultura impressa.

# O manuscrito na era do texto impresso[1]

"Treinta escribas la van a transcribir dos veces."
(Jorge Luis Borges, "El espejo y la máscara",
in *El Libro de arena*, 1975)

---

São numerosos, nestes últimos anos, os trabalhos que renovaram em profundidade nossa compreensão da sobrevivência da escrita à mão após Gutenberg. Eles obrigam os historiadores da cultura impressa a uma dupla revisão.

Em primeiro lugar, diante de uma heterogeneidade radical entre duas modalidades de reprodução dos textos e de produção dos livros, graças à mão ou graças ao prelo, tais trabalhos opõem as continuidades da "cultura gráfica". A noção, tal como é

---

[1] Versão atualizada de artigo publicado em *La Lettre Clandestine*, n.7, p.175-93, 1998.

definida por Armando Petrucci, designa, num determinado tempo e lugar, o conjunto dos objetos escritos e das práticas de que são provenientes. Ela restabelece assim os elos que existem entre as diferentes formas da escrita: manuscrita, epigráfica, pintada ou impressa; e identifica a pluralidade dos usos (políticos, administrativos, religiosos, literários, privados etc.) dos quais o escrito, em suas diversas materialidades, está investido.

Há várias entradas possíveis para compreender a cultura gráfica de uma época. A primeira privilegia um tipo particular de escrita. Foi o que fez Armando Petrucci em *La scrittura* (1986a), fixando-se nas escritas monumentais, ou "expostas", que estavam situadas no interior ou no exterior dos edifícios públicos e destinadas a uma leitura coletiva, feita a distância. Essas escritas de aparato eram numerosas nas cidades romanas antes de desaparecer com o refluxo da cultura escrita nas cidades da Alta Idade Média. Petrucci mostra, primeiramente, como na Itália dos séculos XI-XIII elas reconquistam os muros das igrejas, depois os dos edifícios comunais. Mais tarde, nos séculos XV e XVI, os artesãos que as gravam retomam as *"letras antigas"* (isto é, as grandes maiúsculas das inscrições romanas), enquanto os príncipes que as encomendam reatam com ambiciosos programas epigráficos, o mais espetacular dos quais é, sem a menor dúvida, o do Papa Sisto V, em Roma. Ele associa uma transformação profunda do tecido urbano, atravessado por grandes vias retilíneas e por grandes praças geométricas, a edificação de monumentos (portas, arcos de triunfo, obeliscos, fontes etc.) cujos muros podem acolher numerosas inscrições e uma inovação gráfica, devida a Luca Orfei, um dos copistas da Biblioteca Vaticana e da Capela Sistina, discípulo do calígrafo Francesco Cresci, que fornece uma interpretação original e elegante das maiúsculas romanas — as *"litterae sixtinae"*.

Na época barroca, a escrita monumental pública torna-se mais discreta: em Roma, por exemplo, ela não se mostra nem na praça Navona nem na praça de São Pedro. A "epifania gráfica" do século XVII encontra outros suportes: os monumentos funerários no interior das igrejas, as escritas em madeira, em papelão ou em tecido, colocadas nas arquiteturas efêmeras que são elementos essenciais das festas e das entradas, ou ainda os livros de luxo e de grande formato que se tornam verdadeiros "livros epigráficos". Rompendo com a tradição clássica, essas escritas monumentais de um tipo novo inventam paginações ou inscrições em pedras, menos rígidas; jogam com os contrastes de cores e preferem sobretudo os *trompe l'oeil*[2] que inscrevem as letras em materiais dissimulados: falsas fazendas esculpidas na pedra ou falsos mármores gravados nas páginas impressas. A volta à ordem, no final do século XVIII, busca a inspiração nos *corpus* de inscrições antigas que são então publicadas — incluídas as imitações. As maiúsculas de aparato neoclássicas, tais como são desenhadas por Piranesi e tais como são propostas

---

2 Aparência enganosa, que dá ilusão de realidade. (N. T.)

por Bodoni à tipografia, serão por muito tempo a escrita preferida de um gosto burguês, homogênea em todas as suas manifestações gráficas.

As escritas monumentais têm, portanto, como função primordial manifestar a autoridade de um poder, senhor do espaço gráfico, o poder de uma família ou de um indivíduo suficientemente rico e poderoso para mandar gravar seu nome na pedra ou no mármore. Sua leitura é muitas vezes impossível: colocadas altas por demais e às vezes dissimuladas pela arquitetura, não podem ser decifradas pelos transeuntes; escritas em latim, não podem ser compreendidas por aqueles, numerosos, que dominam somente a língua vulgar. Porém, já por sua única presença simbolizam a soberania e a glória.

Há, contudo, outros empregos das escritas expostas que não respeitam a norma estética e gráfica dominante em sua época. Redigidas em língua vulgar, misturando maiúsculas e minúsculas, ignorando as regras impostas pelos profissionais da escrita (mestres, escritores, escribas das chancelarias, calígrafos eruditos) tais inscrições "sem qualidades" são encontradas em toda parte entre os séculos XVI e XIX: nos santuários com os quadros de ex-voto ou as pedras comemorativas das corporações, nas ruas com as tabuletas das lojas, os anúncios manuscritos, os cartazes infamantes ou, ainda, nas casas particulares, gravadas nas portas e nas janelas, nos móveis e nos objetos da vida cotidiana. Seus modelos vêm das imagens correntes e dos livros "populares" que guarnecem os fardos dos vendedores ambulantes. Outros escritos expostos (anúncios, libelos, pasquins, grafite etc.) trazem um conteúdo subversivo: difamam os indivíduos, ridicularizam os poderosos, denunciam os poderes (Fox, 1994; Blay & Llavata, 1997; Gomez, 1999). Traduzem as aspirações de uma população semi alfabetizada que disputa com os grandes e os poderosos seus monopólios sobre a escrita visível. Se as escritas expostas são um dos instrumentos utilizados pelos poderes e pelas elites para enunciar sua dominação – e conquistar adesão –, são também uma forma de os mais fracos manifestarem sua existência ou afirmarem seus protestos.

Outra abertura na cultura gráfica consiste em escolher um tipo definido de escrita, não por sua forma particular, mas sim por sua temática. É o que encontramos em outro livro de Armando Petrucci, *Le scritture ultime* (1995a), que inventaria ao longo do tempo as práticas de escrita e as produções escritas destinadas a perpetuar a lembrança daqueles que não existem mais. Assim como a obra precedente, essa privilegia as escritas "expostas" nos monumentos funerários, gravadas na pedra, destinadas a uma leitura pública, porém amplia a pesquisa a outras formas da memória escrita dos mortos, dos necrológicos monásticos aos livros de família, das coletâneas de epitáfios às homenagens[3] poéticas e musicais.

---

3 Em francês *"Tombeau"*, composição poética, obra musical em honra de alguém. (N. T.)

Construída a partir da maior ou menor extensão do "direito à morte escrita", a cronologia, Petrucci marca, em primeiro lugar, a grande ruptura que se dá na Alta Idade Média. Anteriormente, nas cidades da Grécia clássica, no império pagão como no cristianismo primitivo, a epigrafia funerária não é somente o apanágio das elites, ela se estende às classes médias e aos mais favorecidos ambientes populares. Porém, a partir do século VII, um duplo processo priva os mortos comuns da memória escrita. A epígrafe funerária concentra-se doravante nas igrejas e concerne somente aos poderosos, clérigos ou leigos.

A reconquista de uma "morte escrita" para uma população que vai crescendo ao longo dos séculos é um processo de longa duração que se articula em torno de alguns momentos mais intensos. No século XIII, enquanto a elite intelectual dos professores universitários é honrada com monumentos semelhantes aos que eram até então reservados aos nobres, os comerciantes que entraram na cultura escrita registram os nomes dos defuntos nos livros de família. No século XVI, a escrita literária da morte faz o sucesso de novos gêneros impressos: as coleções de inscrições funerárias, as coletâneas de epitáfios, as poesias fúnebres. Enfim, no século XVIII, nos cemitérios protestantes, as estelas conservam, na memória dos vivos, os mortos modestos, comerciantes e artesãos, ao passo que em regiões católicas o deslocamento dos cemitérios e dos túmulos para fora dos muros multiplica os espaços abertos consagrados à epigrafia funerária. Mas são as guerras modernas (primeiro a da Secessão, depois as duas guerras mundiais) que constituem o grande fator de democratização da morte escrita, ao associar o local da sepultura à inscrição do nome do morto.

Enfim, abandonando uma abordagem morfo ou tipológica inscrita no tempo, a reconstituição da cultura gráfica pode ser micro-histórica e apreender, para um período mais limitado e um só lugar, a totalidade das produções e das práticas da escrita. Antonio Castillo Gomez (1997) o fez para Alcalá de Henares entre 1450 e 1550, distinguindo três repertórios. As escritas dos poderes – monárquico, eclesiástico e municipal – produzem escritos múltiplos, conservados ou efêmeros, arquivados, como os registros ou os recenseamentos, ou expostos como os cartazes pregados nas portas das igrejas ou colocados em locais destinados a esse fim (cf. Gomez, 1998). Os escritos do cotidiano e do privado tomam outras formas; livros de contas, livros de razão, cartas, bilhetes etc. Sua abundância explica a importância e a frequência, a partir do século XVI, dos papéis manuscritos nos inventários após o falecimento (cf. Peña, 1996). A produção do livro, manuscrito ou impresso, constitui o terceiro registro da presença da cultura escrita na cidade.

O estudo monográfico fornece assim a exata dimensão das circulações e das hibridações que existem entre as diferentes formas do escrito. Falamos em circulações, pois são numerosos os manuscritos copiados a partir de uma obra impressa que imitava, ela mesma, escritas e paginações do livro manuscrito. Falamos em hibridações, pois, desde a Renascença, as administrações estatais ou religiosas utilizam formulários pré-impressos completados pelos vigários, pelos notários ou pelos secretários. Os questionários enviados aos *corregedores* a fim de colher as informações necessárias para as *Relaciones Geográficas*, na Espanha de Felipe II (cf. Bouza, 1998), ou as certidões de casamento utilizadas nos séculos XVI e XVII no ritual tal como é praticado em várias dioceses do Sul da França (Chartier, 1987a), são exemplos desses objetos mistos sobre os quais uma ou várias mãos preenche os espaços deixados em branco pela composição impressa.

A segunda revisão que deve ser obrigatoriamente feita nos trabalhos recentes sobre a cultura gráfica põe em causa a oposição radical entre *print culture* e *scribal culture*. Contra a ideia demasiadamente simples da substituição da segunda pela primeira, a atenção foi atraída para a importância da manutenção da publicação manuscrita na época da impressão até o século XIX, até mesmo o século XX. É tal perspectiva que subtende o livro que Fernando Bouza (1992) consagrou à civilização escrita europeia entre os séculos XV e XVII, ou o de Daniele Marchesini (1992) sobre os usos políticos e sociais da escrita na Itália moderna. Ela é fundamentada pelas duas obras de Harold Love (1993 e 1998) e H. R. Woudhuysen (1996).

O livro de Harold Love propõe uma dupla tipologia. A tipologia dos gêneros cuja circulação mantém-se ampla ou mesmo majoritariamente manuscrita na Inglaterra do século XVII distingue três repertórios: os textos políticos (discursos e declarações parlamentares, publicados em forma de *separates*, *newsheet*, sátiras), as coletâneas poéticas que reúnem obras de um único poeta ou de vários autores (Mariotti, 1995) e as partituras musicais destinadas aos músicos dos *consorts*. A tipologia das formas de publicação manuscrita assinala, também, três modalidades sem fronteiras estanques entre si: *authorial publication*, *entrepreneurial publication* e *user publication*.

A "publicação autoral" põe em circulação os textos em manuscritos que foram copiados ou corrigidos pelo escritor. Tal prática, que tem sua origem medieval na vontade de certos autores – por exemplo Capgrave (Lucas, 1997) ou Petrarca (Petrucci, 1992) – de controlar a própria forma dada às suas obras, é reforçada nos séculos XV e XVI pela consciência aguda e infeliz das corrupções introduzidas pela imprensa. Esta é com frequência vista como triplamente corruptora: deforma a letra dos textos, alterados pelos erros de tipógrafos inábeis; destrói a ética desinteressada da República dos textos entregando as composições dos humanistas, dos poetas ou dos eruditos a livreiros cúpidos e desonestos; oblitera a verdadeira significação das obras propondo-as a leitores ignorantes, incapazes de compreendê-las corretamente. Daí a desconfiança diante do livro impresso e a preferência pela publicação manuscrita que permite um maior controle do texto, de sua circulação e de sua interpretação (cf. Bouza, 1997). Essa é também a preferência de numerosas escritoras que subtraem assim mais facilmente suas obras à exposição pública. E até mesmo quando a impressão do texto é necessária ou desejada, o autor escolhe o manuscrito para os exemplares de apresentação que oferece ao príncipe ou aos grandes, dos quais espera receber proteção (cf. Petrucci, 1995b).

No século XVII, na Inglaterra, a publicação é igualmente um comércio. As sátiras e os *newletters* são copiados em série nos *scriptoria* muito semelhantes às oficinas que produzem, na França do século XVIII, as novelas à mão. Porém, mais frequente é a atividade de copistas individuais que trabalham a pedido de um comanditário particular ou de um livreiro da Stationers' Company. Ao lado dos manuscritos autógrafos e dos produtos das oficinas ou dos profissionais da escrita, uma grande parte da edição manuscrita vai para os próprios leitores, ou melhor, para os membros dessas *scribal communities* (segundo a expressão de Peter Laslett) cuja conivência é baseada nas cópias ou no empréstimo de manuscritos, na transcrição de documentos e nas correspondências. Há várias figuras sucessivas dessas comunidades de leitores que escrevem para ler e leem para escrever. Na Itália dos séculos XII-XV, elas reúnem os leigos letrados – aqueles a que Petrucci (1983) chama os *alfabeti liberi* – que leem além de qualquer obrigação profissional mas por seu próprio interesse ou diversão. Na Inglaterra do século XVII, são os ambientes letrados e aristocráticos que os compõem: na corte, nas *Inns of Court*, entre amigos eruditos ou no interior da família. Enfim, pode-se dizer que a República das Letras, entre 1680 e 1730, forma uma grande scribal community cuja ética de desapego e de reciprocidade alimenta-se do manuscrito em todas as suas formas, a carta, a cópia, a memória (cf. Goldgar, 1995). O traço comum entre essas diferentes modalidades da "comunidade do manuscrito" na época da impressão reside na vontade de subtrair ao acesso público, portanto aos riscos de corrupção ou de profanação, um saber precioso, uma literatura escolhida ou, como no caso da comunidade dos leitores de manuscritos heterodoxos do século XVIII, das obras perigosas (cf. Moureau, 1995; Benitez, 1996).

O livro de H. R. Woudhuysen permite prolongar as duas tipologias propostas por Harold Love. De um lado, identifica ele, com precisão, as diferentes categorias de copistas que trabalham na Inglaterra do século XVII na publicação manuscrita. Eles provêm de diferentes horizontes, opondo os copistas profissionais, herdeiros dos escribas e dos calígrafos medievais (cf. Blay, 1994) a todos os que possuem outro campo de atividade: o ensino, para os mestres escritores, a prática jurídica para os scriveners que têm por atribuição a redação e a atestação dos documentos legais, ou a administração para os secretários. Essa tipologia remete às competições que opõem diferentes categorias de escribas diante da definição da norma gráfica, do ensino da escrita, da perícia judiciária sobre as escritas ou da delegação de escrita.

Na Itália do Cinquecento, a definição de uma norma gráfica é o objeto de uma áspera concorrência entre diferentes atores. No primeiro quarto do século XVI, ela é dominada pelos mestres de escrita. Alguns dentre eles redigem manuais que fazem imprimir e que destinam, de um lado, aos jovens que desejam entrar como secretários em uma chancelaria, e, de outro, aos mercadores e artesãos. Para estes últimos, vários mestres de escrita publicam tratados em que a aprendizagem da escrita acompanha a da aritmética comercial. Nos anos 1540, o controle da norma gráfica passa dos profissionais da escrita (escribas, mestres escreventes) a calígrafos eruditos, que conhecem a cultura gráfica antiga e que figuram entre os renovadores da epigrafia monumental. No final do século, o modelo de referência transforma-se mais uma vez. Doravante, ele se articula intimamente à prática burocrática cotidiana, em particular à redação das correspondências. Dessa forma, a competência sobre a escrita é conferida não mais aos mestres de escrita, não mais aos eruditos calígrafos, mas sim aos secretários. O controle da norma gráfica desloca-se, assim, do espaço público para o mundo fechado das administrações e dos escritórios (cf. Petrucci, 1986b).

O ensino da escrita é também objeto de grandes conflitos que se travam ao redor do exercício fundamental de qualquer aprendizagem, até mesmo de qualquer prática da escrita: a cópia. O procedimento está situado no cerne do ensino dos mestres de escrita cujo instrumento fundamental é a coleta de modelos onde se encontram, grafadas à mão, as linhas de exemplos que seus alunos devem imitar. Em Paris, no século XVII, a redação e a utilização de tais modelos destinados à cópia constituem ponto essencial nos conflitos que opõem a comunidade dos mestres escreventes e todos aqueles que desejam, violando seu monopólio, ensinar as crianças a escrever (por exemplo, os professores das escolas paroquiais que dependem do chantre do capítulo da catedral ou os professores das escolas de caridade). Em 1633, os mestres escreventes combinam entre si novos modelos de escrita, os únicos que devem ser usados em seus ensinamentos e que devem permitir o restabelecimento de uma ortodoxia gráfica. Contra as usurpações dos outros mestres, tentam limitar severamente o número de linhas cuja cópia estes últimos podem permitir aos alunos. Esforçam-se, assim, por manter seus monopólios (em vão, aliás, pois perderão sua causa em 1714) a partir do exercício que melhor exprime a autoridade sobre a escrita, isto é, a cópia de um modelo ensinado e imitado (cf. Hébrard, 1995).

Os especialistas da escrita disputam mutuamente também o exame pericial judiciário das mãos que produziram falsos documentos ou textos infamantes. A partir do século XVI, a difusão da capacidade de escrever em meios cada vez mais largos coloca um problema inédito: o das escritas falsificadas. Em Paris, em 1570, é, aliás, um problema de falsificação (no caso, uma acusação lançada contra o secretário do rei, suspeito de ter imitado a própria mão do mestre) que leva à constituição da "comunidade dos mestres peritos e jurados escreventes", dotada de um duplo monopólio: sobre o ensino da escrita e da aritmética e sobre a perícia das escritas (cf. Métayer, 1990). Feitas anteriormente por diversos especialistas da escrita (notários, escrivães, auxiliares de notários, copistas), as perícias gráficas solicitadas pelo Parlamento para decidir sobre a autenticidade ou a falsificação de documentos legais (contratos, testamentos, letras de câmbio etc.) ou de assinaturas passam, assim, para a alçada exclusiva de uma comunidade profissional. A verificação das escritas, ou, como se dizia no século XVIII, "a prova por comparação de escritas", obedece a um procedimento inverso daquele do ensino, visto que se trata não de decompor todos os gestos que permitem obter um traçado ideal, mas sim de remontar das escritas observadas nos documentos às características próprias das mãos que os produziram. Evidentemente, a operação supõe a existência de uma norma caligráfica em relação à qual os desvios individuais adquirem um sentido. Na Itália, nos séculos XVI e XVII, a perícia gráfica é igualmente confiada a profissionais da escrita, mas não a uma comunidade particular (cf. Antonucci, 1989; Evangeliste, 1992).

Em Roma, perante o Tribunal del Governatore, que julga no cível e no criminal, ela é da alçada de mestres escreventes, de copistas, de escreventes com escritório estabelecido, mais raramente de notários. Seu campo de atividade é duplo: não apenas, como em Paris, o reconhecimento das escritas falsificadas, mas também a identificação dos autores anônimos de cartazes difamatórios e das cartas anônimas que circulam em grande número na cidade pontifícia. No primeiro caso, trata-se de estabelecer a falsidade de uma assinatura; no segundo, de atribuir ou não um documento incriminado à mão de um dos suspeitos.

A partir da segunda metade do século XVII, a segurança da perícia é profundamente questionada. Apesar das diversas defesas (em 1762, a criação de uma Académie; em 1779, a instituição de um Bureau Académique d'Écriture cujos 24 membros eram os únicos que podiam ser chamados como peritos perante o Parlamento), a comunidade parisiense dos mestres escreventes tem, ao longo do século XVIII, seu papel contestado e sua autoridade atingida. Numa época em que a escrita ordinária se emancipou radicalmente das regras da caligrafia, a competência e o poder tradicionalmente reconhecidos aos mestres da arte antiga somente podiam esboroar-se.

Um último trunfo das competições a propósito da escrita é fornecido pela ação da delegação da escrita. De fato, nas sociedades antigas, e até os séculos XIX ou XX, para aqueles que não dominam ou não dominam suficientemente a escrita, recorrer a um mediador de pena é uma necessidade. A partir do exemplo da Itália, Petrucci (1989) formula a hipótese segundo a qual a uma delegação de escrita efetuada no interior do mesmo ambiente social e profissional sucederia o recurso a profissionais da escrita, muitas vezes pagos por seus serviços.

No século XVI, os *upografeis*, os que escrevem por aqueles que não sabem fazê-lo, pertencem em sua maioria ao mundo dos artesãos e dos pequenos comerciantes. Estão eles, portanto, social e culturalmente muito próximos daqueles aos quais emprestam suas penas. A única diferença entre uns e outros é a idade, sendo os mais jovens frequentemente melhores escreventes do que os mais velhos. No século XVII, tudo parece transformar-se. Para as categorias sociais que ficaram fora do processo de alfabetização (jornaleiros, mercadores ambulantes, trabalhadores agrícolas instalados na cidade ou em seus subúrbios etc.) não é fácil encontrar por perto um delegado da escrita. Daí a necessidade de apelar para os profissionais: copistas, secretários ou escreventes públicos.

Em Paris, estes últimos, ao contrário dos mestres escreventes organizados em comunidade, não possuem nenhuma regulamentação. A profissão é aberta a todos os que sabem escrever e decidem abrir uma tenda, na qual oferecem seus serviços aos transeuntes. Na capital, os escreventes públicos reúnem-se em alguns lugares especiais; a maioria instala seus estojos nas galerias do cemitério dos Saints-Innocents, que é perto dos Halles e no coração da cidade, um dos maiores locais de sociabilidade popular (cf. Métayer, 2000). Se no século XIX o escrevente público continua a ser uma figura clássica da sociabilidade urbana, os progressos da escolarização e da alfabetização tornam então amplamente possível a delegação da escrita no interior do mesmo ambiente social. As narrativas de vida popular (emanadas de artesãos, de operários, de camponeses) põem, assim, frequentemente em cena a escrita delegada a uma pessoa próxima, ou seja, que uma criança escreva por seus pais, ou que, no exército, um conscrito mais bem alfabetizado redija a correspondência de seus colegas (cf. Hébrard, 1991).

O livro de H. R. Woudhuysen, que concentra sua atenção em Philip Sydney – cuja obra poética foi publicada somente em forma manuscrita antes de sua morte –, leva também a nos interrogarmos sobre o regime próprio de percepção e de atribuição dos textos quando eles circulam dessa maneira. Um traço fundamental do manuscrito é a perpetuação da forma da recolha ou da miscelânea. Essa é a forma dominante do livro na Idade Média a partir do século VII ou VIII, exceto para as *auctoritates* antigas ou cristãs (cf. Petrucci, 1995c). O manuscrito moderno herda essa estrutura livresca que associa em um mesmo objeto textos de autores e, às vezes, gêneros diferentes. A consequência é o desaparecimento da "função-autor" (para retomar a expressão de Foucault), isto é, a atribuição da obra ou das obras presentes em um mesmo livro a um nome próprio identificável em sua singularidade. Na cultura manuscrita da Inglaterra do século XVII, várias razões embaralham esse princípio de atribuição: a presença de obras de diversos autores em um mesmo livro, que pode, aliás, reunir partes manuscritas e outras impressas (cf. Thomas, 1994), a incerteza dos copistas ou dos possuidores quanto à atribuição dos textos, a transferência da paternidade das obras ao próprio escriba. A publicação manuscrita mantém assim a ambiguidade do próprio termo "escritor", compreendido como aquele que copiou o livro, assim como aquele que compôs o texto. Ela leva certos autores, como Ben Jonhson, a reivindicar altivamente suas dignidades de poeta *"Which every scribe usurps"* como escreve na epístola dedicatória de *Volpone*.

Nestes últimos anos, a história das relações entre manuscrito e impresso formulou igualmente outras questões. A primeira diz respeito à presença da escrita à mão *nos* próprios livros impressos. As anotações marginais foram assim compreendidas como um dos gestos e um dos momentos da técnica intelectual que governa as práticas de leitura e de escrita nos séculos XVI e XVII, isto é, a técnica dos lugares-comuns. As *marginalia* constituem de fato uma forma de encontrar as citações e exemplos que o leitor retém como modelos estilísticos, dados factuais ou argumentos demonstrativos, e que ele transfere do livro lido para seu caderno de lugares-comuns. Essa prática caracteriza tanto a leitura dos Antigos (cf. Grafton, 1990) quanto a das obras de filosofia natural (cf. Blair, 1997). Ela inspira aos impressores o hábito de indicar aos leitores, particularmente nas edições de textos teatrais ou poéticos, as *sententiae* que deverão copiar (cf. Hunter, 1951). No caso das obras que enunciam um saber sobre o mundo natural como naquele das edições dos textos dramáticos e poéticos, a própria composição das obras repousa largamente na mobilização dos lugares-comuns copiados em cadernos manuscritos ou propostos por coletâneas impressas (cf. Moss, 1996). Publicados, eles fornecem, por sua vez, aos leitores atentos e estudiosos uma matéria para a constituição de seus próprios repertórios de *sententiae* e de *exempla*, classificados segundo a ordem dos temas e dos tópicos.

Mais além das indicações, que, de diversas maneiras (rubricas, sinópticos etc.), permitem a "digestão" do texto, uma tipologia das *marginalia* manuscritas encontradas nas obras impressas do século XVI revelam três grandes tipos de prática: as anotações dos professores e dos estudantes, tanto durante as próprias lições como durante o estudo, as dos eruditos fora de qualquer contexto pedagógico, aquelas enfim dos profissionais – por exemplo, os médicos e os cirurgiões (cf. Sherman, 1995). Se as anotações desses últimos têm muitas vezes a forma de aditamentos, de catálogos de casos ou de receitas que transformam o livro em manual prático ou em jornal de profissão, as *marginalia* dos universitários e dos humanistas repousam sobre as mesmas técnicas, usadas com maior ou menor erudição: as remissões entre diferentes trechos do livro ou a outras obras, a composição de glossários ou de *index* pessoais, as correções feitas ao texto ou à sua tradução etc. Alguns humanistas (Casaubon, Dee, Harvey) praticam com constância e conhecimento essa leitura com a pena na mão, que ocupa todos os espaços deixados em branco pela composição tipográfica, que intercala frequentemente folhas manuscritas entre as páginas impressas e que é sempre leitura de vários livros ao mesmo tempo. Terão numerosos herdeiros nos séculos XVII e XVIII (cf. JouffroyGauja & Haechler, 1977).

Se as *marginalia* traduzem uma apropriação pela escrita do livro lido, sem que este último nem a tenha pedido nem organizado, no século XVIII as práticas editoriais multiplicam os objetos impressos destinados a sujeitar e acolher a escrita manuscrita de seus utilizadores. É o que acontece com os almanaques nos quais os editores (ingleses sobretudo) inserem folhas brancas ou com as primeiras agendas (por exemplo, italianas) que recortam a página para que seu usuário possa anotar, dia a dia ou segundo as horas do dia, o que deve fazer – ou o que fez (cf. Braida, 1998). Alguns autores fazem a mesma coisa, intercalando entre as páginas de alguns exemplares impressos de suas obras folhas brancas em que leitores escolhidos poderão expressar suas reações. No caso de *Pamela*, Richardson transforma mesmo em material romanesco os comentários recolhidos dessa maneira e integrados nas revisões e reedições da obra.

Outra relação entre o manuscrito e o impresso reside nos originais utilizados para a composição nas oficinas tipográficas. O *Dictionnaire* de Furetière lembra desta maneira os dois sentidos da palavra "*manuscrit*": "livro ou obra escrito à mão" e "o original de um livro, o texto do Autor sobre o qual ele foi impresso". De fato, nos séculos XVI e XVII, os originais de que se servem os compositores, os "*esemplari di tipografia*", como se diz em italiano, são raramente manuscritos autógrafos.

Trata-se, o mais das vezes, de cópias passadas a limpo pelos escribas profissionais e destinadas, em primeiro lugar, às autoridades que concedem autorização e privilégio. São numerosas as mãos que intervêm nesses manuscritos: a do copista, eventualmente a do censor, a do corretor e do compositor, que acrescentam as intervenções manuscritas necessárias à preparação do texto (cf. Escapa et al., 2000; Merino, 2000). Estas últimas dizem respeito, em primeiro lugar, ao ajuste do texto para que sejam bem delimitadas as porções do manuscrito correspondente a cada página impressa. Esse trabalho, que traz seus riscos de erros, é necessário para que o texto possa ser composto mais rapidamente, isto é, não segundo a ordem das páginas, mas por formas, o que obriga a compor em primeiro lugar todas as páginas que serão impressas de um mesmo lado da folha de imprensa e, em seguida, as que estarão do lado oposto.

As intervenções manuscritas no original dizem respeito também às formas gráficas, às convenções ortográficas, à pontuação ou à própria organização do texto (divisões, títulos, rubricas etc.). O papel dos letrados (auxiliares de cartório, graduados das universidades, professores da escola elementar etc.) empregados pelas livrarias e impressores foi decisivo na Itália do Quattrocento e do Cinquecento, para ao mesmo tempo normalizar a língua impressa pelo modelo toscano e para assegurar a maior correção possível às edições (cf. Trovato, 1991 e 1998; Richardson, 1994). Suas tarefas não se limitam à preparação do manuscrito que serve de original para a composição, elas consistem também na correção das provas, nas correções feitas ao longo da tiragem, a partir da revisão das folhas já impressas (razão dos diferentes estados das páginas pertencentes a uma mesma forma em uma mesma edição) e no estabelecimento das *errata* em suas duas primeiras formas: as correções feitas com a pena em exemplares impressos ou a impressão de folhas de *errata* encartadas ao fim do livro – o que permite ao leitor corrigir ele mesmo seu próprio exemplar.

Surgiu ultimamente uma última interrogação quanto aos elos entre manuscrito e oralidade, a partir do estudo de duas modalidades da transmissão textual. A primeira insiste na transcrição da palavra viva, a do pregador na igreja ou dos atores na cena de teatro. Mesmo quando a prática não tiver deixado traços manuscritos diretos, ela pode ser reconstruída a partir das próprias edições, quando suas anomalias ou as variantes que elas propõem somente podem ser marcadas pela escuta ou pela memorização do texto, ou à sua transcrição imediata graças ao emprego de um dos métodos de escrita rápida que se multiplicam no final do século XVI e no início do XVII (dez são publicados na Inglaterra entre 1588 e 1626). As reconstruções da memória, ajudadas ou não pelas técnicas estenográficas, estão, assim, na origem dos manuscritos frequentemente incorretos que serviram para a publicação dos *bad quartos* shakespearianos (cf. Davidson, 1996) ou das edições de Molière pirateadas antes mesmo da edição autorizada – foi o que aconteceu com *Sganarelle ou le cocu imaginaire*.

Se essa primeira trajetória leva da cena (ou da tribuna) à transcrição manuscrita, depois à página impressa, existe também um caminho inverso ligado à organização das *performances* orais e muito particularmente das representações teatrais, a partir de um texto manuscrito, ou, em certos casos privilegiados, de um exemplar anotado de uma edição impressa, transformado assim em livro de contrarregra. Na época elisabetana, o *prompt-book* manuscrito atestava que a peça era propriedade da companhia teatral, a qual tinha autorização para levá-la à cena, mas servia também para marcar as indicações cênicas necessárias à representação: entradas e saídas dos atores, objetos que deviam ser colocados em cena, ruídos e músicas etc. (cf. Taylor, 1987). Se tais *prompt-books* manuscritos sobreviveram apenas em fragmentos, alguns exemplares de edições impressas utilizados como *prompt-book* pelos diretores de companhias teatrais e como *acting-copy* pelos atores revelam as relações complexas que existem entre texto impresso, anotações feitas à mão e representações cênicas. É o que acontece, por exemplo, com as diferentes formas de intervenções manuscritas feitas nos anos 1740 em um exemplar da edição de 1676 de *Hamlet*. Provêm elas de dois dispositivos: de um lado, a organização da representação pela menção dos lugares cênicos, das entradas, dos objetos; de outro, a preparação do papel de Hamlet pelo ator que o desempenhava. Este último substituiu a pontuação impressa do texto, muito rudimentar, por uma pontuação manuscrita totalmente diferente, que traz uma verdadeira interpretação (nos dois sentidos da palavra) do texto, graças a um sistema diversificado de pausas, que marca cinco tempos diferentes, e a introdução de novos sinais, com os pontos de interrogação (cf. Chartier, 1999). Há aqui um exemplo particular das relações que ligam, mais do que separam, as três formas de inscrição e de transmissão dos textos: a oralidade, o manuscrito e o impresso (cf. McKenzie, 1990; Bouza, 2000).

Essas observações, baseadas na leitura de trabalhos recentes, têm como única finalidade situar em um tempo mais longo e nos múltiplos usos do manuscrito a produção, a circulação e a leitura dos manuscritos clandestinos nos séculos XVII e XVIII. Estes são, ao mesmo tempo, uma expressão do vigor e da importância da publicação manuscrita na época do impresso e também os herdeiros de formas e de práticas que caracterizaram, tanto após como antes de Gutenberg, a cultura gráfica do Ocidente.

# Morte ou transfiguração do leitor?[1]

> "*Una literatura difiere de otra ulterior o anterior, menos por el texto que por la manera de ser leída.*"
> (Jorge Luis Borges, Nota sobre (hacia) Bernard Shaw, in *Otras inquisiciones*, 1952)

Em 1968, num ensaio que se tornou célebre, Roland Barthes (1984) associava a onipotência do leitor e a morte do autor. Destronado de sua antiga soberania pela linguagem, ou melhor, pelas "escrituras múltiplas, provindas de várias culturas e que se relacionam em diálogos, em paródias, em contestação", o autor cedia sua preeminência ao leitor, visto como "este *alguém* que mantém reunidos num mesmo campo todos os traços que cons-

---
[1] Versão modificada de ensaio publicado em Mollier, J.-Y. (Dir.) *Où va le livre?* Paris: La Dispute, 2000. p.247-57.

tituem o escrito". A posição de leitura era assim compreendida como o espaço no qual o sentido plural, móbil, instável é reunido, em que o texto, seja ele qual for, adquire sua significação.

A essa constatação do nascimento do leitor sucederam os diagnósticos que lavraram seu atestado de óbito. Estes tomaram três formas principais. A primeira remete às transformações das práticas de leitura. Tomemos, por exemplo, a França. De um lado, a comparação dos dados estatísticos recolhidos pelas pesquisas sobre as práticas culturais dos franceses foi convincente, se não quanto ao recuo da porcentagem global dos leitores, pelo menos quanto à diminuição da proporção de "grandes leitores" em cada faixa etária e, particularmente, na dos 19 aos 25 anos (cf. Donnat & Cogneau, 1990; Donnat, 1990; Dumontier et al., 1990; Singly, 1993). De outro, as pesquisas realizadas sobre as leituras dos estudantes permitiram chegar a várias constatações. Se a compra de livros continua a ser, para eles, a forma de acesso mais corrente ao livro, a frequência às bibliotecas universitárias aumentou consideravelmente: mais de 70% entre 1984 e 1990. Entretanto, os estudantes recorrem em massa à fotocópia, à documentação utilizada em cursos ou a trabalhos dirigidos para a circulação de anotações de aula ou para a posterior (e parcial) leitura das obras retiradas de bibliotecas ou emprestadas por amigos. E somente aqueles que escolheram cursos ligados à literatura ou os que têm pais diplomados em ensino superior possuem grande número de livros. Porém, mesmo entre esses grupos de grandes leitores, o interesse pela constituição de bibliotecas pessoais não é universalmente partilhado – o que assegura o sucesso do mercado de livros eruditos usados.[2] Enfim, as pesquisas sociológicas dedicadas à faixa etária precedente, entre 15 e 19 anos, registram o recuo da leitura e, sobretudo, o fraco *status* do livro em sua própria apresentação (cf. Baudelot et al., 1999).

As constatações feitas a partir das políticas editoriais reforçaram a certeza da "crise" da leitura (cf. Renard & Rouet, 1998; Bourdieu, 1999). Se ela não poupa a ficção, é ainda mais duramente sentida na edição de ciências humanas e sociais. Dos dois lados do Atlântico, seus efeitos são parecidos, mesmo que suas causas primárias não sejam exatamente as mesmas. Nos Estados Unidos, o fato essencial é a drástica redução das aquisições de *monographs* nas bibliotecas universitárias cujas verbas são devoradas pelas assinaturas de periódicos, que, em alguns casos, atingem preços consideráveis – entre dez mil e quinze mil dólares por ano. Daí as reticências das editoras universitárias diante da publicação de obras consideradas por demais especializadas: teses de doutoramento, estudos monográficos, livros de erudição etc. (cf. Darnton, 1999). Na Europa, essa prudência que limita o número de títulos publicados e suas tiragens provém sobretudo da diminuição do número

---

2 Sobre as práticas de leitura (ou não leitura) dos estudantes, ver Kletz (1992), Fraisse (1993) e Lahire (1997).

dos maiores compradores – que não eram somente universitários – e da redução de suas compras.

Na França, no setor das ciências humanas e sociais, as pesquisas estatísticas – por exemplo, as do Sindicato Nacional da Edição – atestam os recuos da década de 1990: elas dizem respeito ao número global de volumes vendidos (18,2 milhões em 1988; 15,4 milhões em 1996) e ao número de exemplares vendidos por título publicado (2.200 exemplares em 1980; 800 em 1997). Essas fortes quedas acompanharam um crescimento do número de títulos publicados (1.942 em 1988; 3.193 em 1996) que visava ampliar a oferta como paliativo das dificuldades. Elas se traduziram por uma explosão de não vendidos que pesaram nos balanços financeiros das empresas. É essa a razão das escolhas feitas pelos editores nesses últimos anos: redução do número de títulos publicados, contração das tiragens médias, extrema prudência diante das obras consideradas por demais especializadas e das traduções; preferência concedida aos manuais, aos dicionários e às enciclopédias.

Diante das dificuldades das conjunturas, particularmente agudas para a edição de ciências humanas e sociais, as respostas dos editores reproduzem, num novo contexto, estratégias de discurso e de ação já presentes no século XVIII quando, na Inglaterra e depois na França, o poder político tentou limitar os privilégios tradicionais dos membros da Stationers' Company ou da comunidade dos livreiros e tipógrafos de Paris. Em ambos os casos, três pontos caracterizam as posições tomadas pelos editores: em primeiro lugar, uma atitude ambivalente em relação ao poder político, acusado de ser o principal responsável pelas dificuldades de uma atividade comercial privada e, por essa razão, interpelado como o único capaz de a elas pôr fim, tomando para isso medidas apropriadas; em segundo, a invocação de princípios gerais destinados a justificar reivindicações particulares (por exemplo, fazer reconhecer, hoje, que o acesso à cultura escrita deve ter um preço, assim como outras práticas culturais); enfim, pôr em relevo a figura e os direitos dos autores para fundar as reivindicações dos editores (como na campanha pelo direito de empréstimo nas bibliotecas). Essa constatação não visa negar as dificuldades reais da edição no setor de humanidades e de ciências sociais, mas sim considerar numa perspectiva de longa duração as estratégias usadas pela profissão para enfrentá-las: isto é, a invenção ou a mobilização dos autores proprietários de suas obras, a afirmação de princípios dotados de universalidade e o apelo à ajuda ou à regulamentação estatal.

Numa terceira perspectiva, a morte do leitor e o desaparecimento da leitura são pensados como a consequência inelutável da civilização da tela, do triunfo das imagens e da comunicação eletrônica. É esse último diagnóstico que gostaria de discutir aqui. As telas do nosso século são, de fato, de um novo tipo. Diferentemente das do cinema ou da televisão, trazem textos – não somente textos, é evidente, mas também textos. A antiga oposição entre, de um lado, o livro, a escrita, a leitura, e, de outro, a tela e a imagem é substituída por uma nova situação que propõe um novo suporte para a cultura escrita e uma nova forma para o livro (cf. Zilberman, 2001). Daí o elo, extremamente paradoxal, estabelecido entre a terceira revolução do livro, que transforma as modalidades de inscrição e de transmissão dos textos como o haviam feito antes a invenção do códex, depois a da imprensa, e a temática obsidiante da "morte do leitor". Compreender essa contradição supõe olhar para trás e medir os efeitos das precedentes revoluções que afetaram os suportes da cultura escrita.

No século IV da era cristã, uma nova forma de livro impôs-se definitivamente, em detrimento daquela que era familiar aos leitores gregos e romanos. O códex, isto é, um livro composto de folhas dobradas, reunidas e encadernadas, suplantou progressiva mas ineslutavelmente os rolos que até então haviam carregado a cultura escrita. Com a nova materialidade do livro, gestos impossíveis tornavam-se comuns: assim, escrever enquanto se lê, folhear uma obra, encontrar um dado trecho. Os dispositivos próprios do códex transformaram profundamente os usos dos textos. A invenção da página, as localizações garantidas pela paginação e pela indexação, a nova relação estabelecida entre a obra e o objeto que é o suporte de sua transmissão tornaram possível uma relação inédita entre o leitor e seus livros.

Devemos pensar que nos encontramos às vésperas de uma semelhante mutação e que o livro eletrônico irá substituir ou já está substituindo o códex impresso, tal como o conhecemos em suas diversas formas: livro, revista, jornal? Talvez. Porém, o mais provável para as próximas décadas é a coexistência, que não será forçosamente pacífica, entre as duas formas do livro e os três modos de inscrição e de comunicação dos textos: a escrita manuscrita, a publicação impressa, a textualidade eletrônica. Essa hipótese é certamente mais sensata do que as lamentações sobre a irremediável perda da cultura escrita ou os entusiasmos sem prudência que anunciavam a entrada imediata de uma nova era da comunicação.

Essa provável coexistência convida-nos a refletir na nova forma de construção dos discursos eruditos e nas modalidades específicas de suas leituras permitidas pelo livro eletrônico. Este último não pode ser a simples substituição de um suporte por outro para obras que permaneceriam concebidas e escritas na antiga lógica do códex. Se as "formas têm um efeito sobre os sentidos", como escrevia D. F. McKenzie (1991, p.4), os livros eletrônicos organizam de uma nova maneira a relação entre a demonstração e as fontes, a organização da argumentação e os critérios da prova. Escrever ou ler essa nova espécie de livro supõe desligar-se dos hábitos adquiridos e transformar as técnicas de validação do discurso erudito sobre as quais os historiadores começaram recentemente a escrever a história e a avaliar os efeitos: como a citação, a nota de pé de página (cf. Grafton, 1998) ou o que Michel de Certeau (1987, p.79) chamava, depois de Condillac, a "língua dos cálculos". Cada uma dessas maneiras de provar a validade de uma análise é profundamente modificada visto que o autor pode desenvolver sua argumentação segundo uma lógica que não é mais necessariamente linear e dedutiva, mas sim aberta, expandida e relacional,[3] pois o próprio leitor pode consultar os documentos (arquivos, imagens, palavras, música) que são os objetos ou os instrumentos da pesquisa.[4] Nesse sentido, a revolução das modalidades de produção e de transmissão dos textos é também uma mutação epistemológica fundamental.[5]

Uma vez estabelecido o predomínio do códex, os autores integraram a lógica de sua materialidade na própria construção de suas obras – por exemplo, dividindo o que era antes a matéria textual de vários rolos em livros, partes ou capítulos de um discurso único, contido em uma única obra. De maneira semelhante, as possibilidades (ou as coerções) do livro eletrônico convidam a organizar de forma diferente o que o livro, que é ainda o nosso, distribui de forma necessariamente linear e sequencial. O hipertexto e a hiperleitura que ele

---

[3] Para novas possibilidades argumentativas oferecidas pelo texto eletrônico, ver Kolb (1994, p.144-61) e Douglas (1988).

[4] Para um exemplo de possíveis elos entre demonstração histórica e fontes documentais, ver as formas impressa e eletrônica do artigo de Darnton (2000) e AHR web page: www.indiana.edu/ahr/

[5] Ver, a título de exemplo, para a física teórica, Veja (2000, esp. p.181-231); para a filologia, Blecua et al. (1999) e Tyvaert (2000).

permite e produz transformam as relações possíveis entre as imagens, os sons e os textos associados de maneira não linear, mediante conexões eletrônicas, assim como as ligações realizadas entre os textos fluidos em seus contornos e em número virtualmente ilimitado.[6] Nesse mundo textual sem fronteiras, a noção essencial torna-se a do *elo*, pensado como a operação que relaciona as unidades textuais recortadas para a leitura. Assim, é fundamentalmente a própria noção de "livro" que é posta em questão pela textualidade eletrônica. Na cultura impressa, uma percepção imediata associa um tipo de objeto, uma classe de textos e usos particulares. A ordem dos discursos é assim estabelecida a partir da materialidade própria de seus suportes: a carta, o jornal, a revista, o livro, o arquivo etc. Isso não acontece mais no mundo digital, onde todos os textos, sejam eles quais forem, são entregues à leitura num mesmo suporte (a tela do computador) e nas mesmas formas (geralmente as que são decididas pelo leitor). É assim criada uma continuidade que não mais distingue os diferentes gêneros ou repertórios textuais que se tornaram semelhantes em sua aparência e equivalentes em suas autoridades. Daí a inquietação de nosso tempo diante da extinção dos critérios antigos que permitiam distinguir, classificar e hierarquizar os discursos. Não é pequeno seu

---

6 Para as definições de hipertexto e de hiperleitura, ver Bolter (1991), Landow (1992 e 1997), Snyder (1996), Burbules (1988) e Las Heras (1991).

efeito sobre a própria definição de "livro" tal como o compreendemos, tanto um objeto específico, diferente de outros suportes do escrito, como uma obra cujas coerência e completude resultam de uma intenção intelectual ou estética. A técnica digital entra em choque com esse modo de identificação do livro pois torna os textos móveis, maleáveis, abertos, e confere formas quase idênticas a todas as produções escritas: correio eletrônico, bases de dados, sites da Internet, livros etc.

Daí a reflexão lançada para as categorias intelectuais e os dispositivos técnicos que permitirão perceber e designar alguns textos eletrônicos como "livros", isto é, como unidades textuais dotadas de uma identidade própria. Essa reorganização do mundo do escrito em sua forma digital é uma preliminar para que possa ser organizado o acesso pago por linha e ser protegido o direito moral e econômico do autor (cf. Compagnon, 2000). Esse reconhecimento, baseado na aliança sempre necessária e sempre conflituosa entre editores e autores, certamente levará a uma transformação profunda do mundo eletrônico tal qual o conhecemos. As *securities* destinadas a proteger certas obras (livros singulares ou bases de dados) e que se tornaram mais eficazes com o *e-book* certamente irão se multiplicar e assim fixar, imobilizar e fechar os textos publicados eletronicamente (cf. Clément, 2000). Há aqui uma evolução previsível que definirá o "livro" e outros textos digitais por oposição à comunicação eletrônica livre e espontânea que autoriza qualquer pessoa a pôr em circulação na

Web suas próprias reflexões ou criações. A divisão estabelecida desse modo corre o risco de uma hegemonia econômica e cultural imposta pelas mais poderosas das empresas multimídias e pelos donos do mercado dos computadores. Mas ela pode levar também, com a condição de ser controlada, à reconstituição, dentro da textualidade eletrônica, de uma ordem dos discursos que permita distingui-los segundo a modalidade de suas "publicações" espontâneas ou controladas, a identidade de seus gêneros e seus graus de autoridade.

Outro fato que pode, em médio ou longo prazo, conturbar o mundo digital provém da possibilidade, que se torna pensável pelo aperfeiçoamento de uma tinta e de um "papel" eletrônico, de separar a transmissão dos textos eletrônicos do computador (PC, *notebook* ou *e-book*). Graças ao processo aperfeiçoado pelos pesquisadores do MIT, qualquer objeto (incluindo o livro como ainda o conhecemos, com suas folhas e suas páginas) poderia tornar-se o suporte de um livro ou de uma biblioteca eletrônica, com a condição de estar munido de um microprocessador (ou de ser *downloaded* na Internet) e de suas páginas receberem a tinta eletrônica que permite trazer sucessivamente para uma mesma superfície textos diferentes (cf. LeLoarer, 2000). Pela primeira vez, o texto eletrônico poderia assim emancipar-se das coerções próprias das telas que nos são familiares, o que viria romper o elo estabelecido (para maior lucro de algumas pessoas) entre o comércio das máquinas eletrônicas e a edição *on line*.

Mesmo sem projetar-se num futuro ainda hipotético e pensando o "livro" eletrônico em suas formas e seus suportes atuais, permanece uma questão: a da capacidade que teria esse novo livro para encontrar ou produzir seus leitores. De um lado, a longa história da leitura mostra com firmeza que as mutações na ordem das práticas são geralmente mais lentas do que as revoluções das técnicas e sempre em defasagem em relação a elas. Da invenção da imprensa não decorreram imediatamente novas maneiras de ler. Do mesmo modo, as categorias intelectuais que associamos ao mundo dos textos perdurarão diante das novas formas do livro. Lembremos que após a invenção do códex e o desaparecimento do rolo, o "livro", entendido como uma simples divisão do discurso, correspondia muitas vezes à matéria textual contida num antigo rolo.

De outro lado, a revolução eletrônica, que parece repentinamente universal, pode também aprofundar, e não reduzir, as desigualdades. É grande o risco de um novo "iletrismo", definido não mais pela incapacidade de ler e escrever, mas pela impossibilidade de aceder às novas formas da transmissão do escrito – que não são baratas, longe disso (cf. Ferreiro, 2001, p.24-5). A correspondência eletrônica entre o autor e seus leitores, transformados em coautores de um livro nunca acabado mas sim continuado por meio de seus comentários e suas intervenções, confere uma nova formulação a uma relação, desejada por certos autores antigos, mas dificultada pelas coerções próprias da edição impressa. Essa promessa de uma relação mais fácil e mais imediata entre a obra e sua leitura é sedutora, porém não deve levar a esquecer que os leitores (e coautores) potenciais dos livros eletrônicos são ainda minoritários. São ainda grandes as defasagens entre a obsidiante presença da revolução eletrônica nos discursos (inclusive neste...) e a realidade das práticas de leituras que permanecem maciçamente ligadas aos objetos impressos e só exploram muito parcialmente as possibilidades oferecidas pelo digital. Devemos ser bastante lúcidos para não tomarmos o virtual por um real já presente.

A originalidade – talvez inquietante – de nosso presente vem do fato de as diferentes revoluções da cultura escrita, que no passado haviam sido separadas, se desenrolarem simultaneamente. A revolução do texto eletrônico é, de fato, ao mesmo tempo, uma revolução da técnica de produção dos textos, uma revolução do suporte do escrito e uma revolução das práticas de leitura. São elas caracterizadas simultaneamente por três pontos fundamentais que transformam profundamente nossa relação com a cultura escrita. Em primeiro lugar, a apresentação eletrônica do escrito modifica radicalmente a noção de contexto e, ainda, o próprio processo da construção do sentido. Ela substitui a contiguidade física que aproxima os diferentes textos copiados ou impressos num mesmo livro pela sua distribuição móvel nas arquiteturas lógicas que comandam as bases de dados e as coleções digitalizadas. Além disso, ela redefine a materialidade das obras porque desfaz o elo imediatamente visível que une o texto e o objeto que o contém e porque proporciona ao leitor, e não mais ao autor ou ao editor, o domínio da composição, o recorte e a própria aparência das unidades textuais que ele deseja ler. É, assim, todo o sistema de percepção e de manejo dos textos que é transformado. Enfim, ao ler na tela, o leitor contemporâneo reencontra algo da postura do leitor da Antiguidade, mas – e a diferença não é pequena – ele lê um rolo que em geral se desenrola verticalmente e que é dotado de todos os pontos de referência próprios da forma do livro, desde os primeiros séculos da era cristã: paginação, índice, tabelas etc. O cruzamento das duas lógicas que regulamentaram os usos dos suportes precedentes do escrito (o *volumen*, depois o *códex*) define de fato uma relação com o texto totalmente original.

Apoiado em tais mutações, o texto eletrônico pode conferir realidade aos sonhos, sempre inacabados, de totalização do saber que o precederam. Tal como a biblioteca de Alexandria, ele promete a universal disponibilidade de todos os textos já escritos, de todos os livros já publicados (cf. Canfora, 1986, 1988a/b; Jacob, 1996 e 2000). Como a prática dos lugares-comuns na Renascença,[7] ele pede a colaboração do leitor que agora pode escrever pessoalmente no livro; por conseguinte, na biblioteca sem muros do escrito

---

7 Sobre a técnica dos lugares-comuns na Renascença, ver as obras de Goyet (1996), Blair (1997) e Moss (1996).

eletrônico. Como o projeto das Luzes, ele desenha um espaço público ideal em que, como pensava Kant (1991), pode e deve desenrolar-se livremente, sem restrições nem exclusões, o uso público da razão, "aquele que se faz enquanto *erudito* para o conjunto do *público leitor*", aquele que autoriza cada cidadão "em sua qualidade de *erudito* a fazer publicamente, isto é, por escrito, suas observações sobre os defeitos da antiga instituição" (p.71-86).

Assim como na era do impresso, mas com uma maior força, a época do texto eletrônico é atravessada por tensões maiores entre diferentes futuros: a multiplicação de comunidades separadas, desunidas, cimentadas por seus usos específicos das novas técnicas, o embargo e o controle das mais poderosas empresas multimídias sobre a constituição das bases de dados digitais e a produção ou a circulação de informação, ou a constituição de um público universal, definido pela possível participação de cada um de seus membros no exame crítico dos discursos permutados.[8] A comunicação a distância livre e imediata, autorizada pelas redes, pode trazer uma ou outra dessas virtualidades. Pode levar à perda de qualquer referência comum, à separação das identidades, à exacerbação dos particularismos. Pode, inversamente, impor a hegemonia de um modelo cultural único e a destruição, sempre mutiladora, das diversidades. Mas pode também trazer uma nova modali-

---

8 Essas diferentes possibilidades são discutidas em Lanham (1993), Tapscott (1996) e Cebrían (1998).

dade de constituição e de comunicação dos conhecimentos, que não seria mais apenas o registro de ciências já estabelecidas, mas, igualmente, à maneira das correspondências ou dos periódicos da antiga República das Letras (cf. Goldgar, 1995), uma construção coletiva do conhecimento por meio da permuta dos saberes, das perícias e das sabedorias. Se a nova navegação enciclopédica recebe a todos em suas naves, ela poderia conferir plena realidade à expectativa de universalidade que sempre acompanhou os esforços feitos para encerrar a multidão das coisas e das palavras na ordem dos discursos.

Mas o livro eletrônico deve definir-se em reação às práticas atuais que muitas vezes se contentam em pôr na Web os textos brutos que não foram nem pensados, em relação à nova forma de suas transmissões, nem submetidos a nenhum trabalho de correção ou de edição. Defender a utilização das novas técnicas postas a serviço da publicação dos saberes significa, portanto, guardar-se das facilidades preguiçosas da eletrônica e instigar a dar formas mais rigorosamente controladas aos discursos de conhecimento, assim como às permutas entre os indivíduos. As incertezas e conflitos quanto à civilidade (ou à incivilidade) epistolar, às convenções linguageiras e às relações entre o público e o privado tais como são redefinidos pelos usos do correio eletrônico ilustram essa exigência.[9]

---

9 Sobre o correio eletrônico, ver Bru (1993), Moran & Hawisher (1988) e Melançon (1996).

São esses mesmos interesses que tornam urgente uma reflexão ao mesmo tempo histórica e filosófica, sociológica e jurídica, capaz de explicar desvios hoje manifestos e cada vez maiores entre o repertório das noções manejadas para descrever ou organizar a cultura escrita nas formas que lhe são próprias desde a invenção do códex nos primeiros séculos de nossa era e as novas maneiras de escrever, de publicar e de ler que implica a modalidade eletrônica de produção, disseminação e apropriação dos textos (cf. O'Donnell, 1998). Chegou, portanto, o momento de redefinir as categorias jurídicas (propriedade literária, *copyright*, direitos de autor) (cf. Jaszi, 1994; Ginsburg, 1993; Grusin, 1994), estéticas (originalidade, singularidade, criação), administrativas (depósito legal, biblioteca nacional) ou biblioteconômicas (catalogação, classificação ou descrição bibliográfica) (cf. Laufer, 1996) que foram todas pensadas e construídas em relação com uma cultura escrita cujos objetos eram totalmente diferentes dos textos eletrônicos.

O novo suporte do escrito não significa o fim do livro ou a morte do leitor. O contrário, talvez. Porém, ele impõe uma redistribuição dos papéis na "economia da escrita", a concorrência (ou a complementaridade) entre diversos suportes dos discursos e uma nova relação, tanto física quanto intelectual e estética, com o mundo dos textos. O texto eletrônico, em todas as suas formas, poderá construir o que não puderam nem o alfabeto, apesar da virtude democrática que lhe atribuía Vico (1993, 1994), nem a imprensa, apesar da universalidade que lhe reconhecia Condorcet (1988), isto é, construir a partir do intercâmbio do escrito um espaço público no qual todos possam participar?

Como, então, situar o papel das bibliotecas nessas profundas mutações da cultura escrita? Apoiado nas possibilidades oferecidas pelas novas técnicas, nosso século que está começando pode esperar superar a contradição que assediou de modo durável a relação do Ocidente com o livro. O sonho da biblioteca universal exprimiu por muito tempo o desejo exasperado de capturar, por meio de uma acumulação sem defeito, sem lacuna, todos os textos já escritos, todos os saberes constituídos. Mas a decepção sempre acompanhou essa expectativa de universalidade, visto que todas as coleções, por mais ricas que fossem, somente podiam dar uma imagem parcial, mutilada, da exaustividade necessária.

Essa tensão deve estar inscrita na longuíssima duração das atitudes para com o escrito. A primeira é baseada no medo da perda, ou da lacuna. Foi ela que comandou todos os gestos que visavam salvaguardar o patrimônio escrito da humanidade: a procura dos textos antigos, a cópia dos livros mais preciosos, a impressão dos manuscritos, a edificação das grandes bibliotecas, a compilação dessas "bibliotecas sem muros" que são as coleções de textos, os catálogos ou as enciclopédias (cf. Chartier, 1996b). Contra os desaparecimentos sempre possíveis, trata-se de recolher, fixar e preservar. Mas a tarefa, que nunca termina, é ameaçada por outro perigo: o excesso. A multiplicação da produção manuscrita, depois impressa, foi logo percebida como um terrível perigo. A proliferação pode tornar-se caos e a abundância, obstáculo ao conhecimento. Para dominá-las, são necessários instrumentos capazes de selecionar, classificar, hierarquizar. Essas organizações foram a tarefa de múltiplos atores: os próprios autores que julgam seus pares e seus predecessores, os poderes que censuram e subvencionam, os editores que publicam (ou recusam publicar), as instituições que consagram e excluem e as bibliotecas que conservam ou ignoram.

Diante dessa dupla ansiedade, entre perda e excesso, a biblioteca de amanhã – ou de hoje – pode desempenhar um papel decisivo. Evidentemente, a revolução eletrônica pareceu significar seu fim. A comunicação a distância dos textos eletrônicos torna pensável, se não possível, a universal disponibilidade do patrimônio escrito, ao mesmo tempo que não impõe mais a biblioteca como o espaço de conservação e de comunicação desse patrimônio. Qualquer leitor, seja qual for o *site* de sua leitura, poderia receber qualquer um dos textos que constituem tal biblioteca sem paredes e mesmo sem localização, onde estariam idealmente presentes, de forma digital, todos os livros da humanidade.

O sonho é sedutor. Mas não deve nos desencaminhar. Em primeiro lugar, é preciso lembrar com insistência que a conversão eletrônica de todos os textos, cuja existência não começa com a informática, não deve absolutamente significar a relegação, o esquecimento ou, o que é pior, a destruição dos manuscritos ou dos impressos que antes lhes haviam servido de suporte. Mais do que nunca, talvez, uma das tarefas essenciais das bibliotecas é coletar, proteger, recensear e tornar acessíveis os objetos escritos do passado. Se as obras que eles tansmitiram não fossem mais comunicadas, se fossem até mesmo conservadas apenas em forma eletrônica, haveria grande risco de ver perdida a inteligibilidade de uma cultura textual identificada aos objetos que a transmitiram. A biblioteca do futuro deve, portanto, ser esse espaço em que serão mantidos o conhecimento e a convivência da cultura escrita nas formas que foram e são ainda hoje majoritariamente as suas.

As bibliotecas deverão ser igualmente um instrumento em que os novos leitores poderão encontrar seu caminho dentro do mundo digital que apaga as diferenças entre os tipos e os usos dos textos e que estabelece uma equivalência generalizada entre suas autoridades. Atenta às necessidades e ao desassossego dos leitores, a biblioteca está em condições de desempenhar um papel essencial na aprendizagem dos instrumentos e das técnicas capazes de assegurar, aos menos preparados dos leitores, o domínio das novas formas do escrito. Assim como a presença da Internet em cada escola não faz desaparecer por si mesma as dificuldades cognitivas do processo da entrada no escrito (cf. Ferreiro, 2001, p.19), também a comunicação eletrônica dos textos não transmite por si mesma o saber necessário à sua compreensão e utilização. Pelo contrário, o leitor-navegador do digital corre o grande risco de perder-se totalmente em arquipélagos textuais (cf. Berring, 1995).

Enfim, uma terceira ambição para as bibliotecas do futuro poderia ser reconstituir ao redor do livro as sociabilidades que perdemos. A longa história da leitura ensina que ela se tornou, no decorrer dos séculos, uma prática silenciosa e solitária, destruindo cada vez mais as participações ao redor do escrito que cimentaram de modo permanente as existências familiares, as sociabilidades amigáveis, as assembleias eruditas ou os engajamentos militantes. Em um mundo em que a leitura se identificou com uma relação pessoal, íntima, privada com o livro, as bibliotecas (paradoxalmente talvez, já que foram elas as primeiras, na época medieval, a exigir o silêncio dos leitores...) devem multiplicar as ocasiões e as formas de tomar a palavra ao redor do patrimônio escrito e da criação intelectual e estética. Nesse ponto, elas podem contribuir para a construção de um espaço público extenso, na escala da humanidade.

Como indicava Walter Benjamin (1971), as técnicas de reprodução dos textos ou imagens não são em si mesmas nem boas nem perversas. Daí o seu diagnóstico ambivalente sobre os efeitos de sua "reprodução mecanizada". De um lado, essa última assegurou, em escala desconhecida até então, a "estetização da política prática": "Com o progresso dos aparelhos, que permite fazer ouvir a um número indefinido de ouvintes o discurso do orador no momento em que fala e difundir pouco depois a sua imagem diante de um público indefinido de espectadores, o essencial torna-se a apresentação do homem político diante do próprio aparelho. Essa nova técnica esvazia os parlamentos assim como esvazia os teatros". De outro, o desaparecimento da distinção entre o criador e o público ("A competência literária não repousa mais numa formação especializada, mas sim numa multiplicidade de técnicas e se torna, desse modo, um bem comum"), a ruína dos conceitos tradicionais mobilizados para designar as obras e, finalmente, a contabilidade entre o exercício crítico e o prazer do divertimento ("O público das salas escuras é de fato um examinador, mas um examinador que se distrai"). São todos eles elementos que abrem uma possibilidade alternativa. À "estetização da política" que serve aos poderes opressivos pode corresponder de fato uma "politização da estética" portadora da emancipação dos povos.

Seja qual for a sua pertinência histórica, certamente discutível, essa constatação marca com exatidão a pluralidade dos usos que podem se apropriar de uma mesma técnica. Não há determinismo técnico que venha inscrever nos próprios aparelhos uma significação obrigatória e única. "À violência que se faz às massas quando se lhe impõe o culto de um chefe corresponde a violência *que sofre uma aparelhagem*, quando é ela mesma colocada ao serviço dessa religião." A observação não é destituída de importância nos debates estabelecidos quanto aos efeitos que a disseminação eletrônica dos discursos já tem, e terá mais ainda no futuro, sobre a definição conceitual e a realidade social do espaço público, no qual se permutam as informações e em que se constroem os saberes (cf. Nunberg, 1993).

Num futuro que já é o nosso presente, esses efeitos serão o que, coletivamente, dele saberemos fazer. Para o melhor ou para o pior. Tal é hoje nossa responsabilidade comum.

# Referências bibliográficas

ANTONUCCI, L. La scrittura giudicata. Perizie grafiche in processi romani del primo Seicento. *Scritura e Civiltà*, v.XIII, p.489-534, 1989.

ARMANDO, P. Scrivere per gli altri. *Scrittura e Civiltà*, v.XIII, p.475-87, 1989.

BAILLET, A. Advertissement au lecteur. In: _____. *Jugemens des savans sur les principaux ouvrages des auteurs*. Amsterdam: s. n., 1725.

BAKER, N. *Double Fold*: Libraries and the Assault on Paper. New York: Randon House, 2001.

BALDWIN, W. *Beware the Cat and Funerals of King Edward the Sixth*. New London, Connecticut: Connecticut College, 1963.

BARTHES, R. La mort de l'auteur. In: _____. *Le bruissement de la langue*. Essais critiques IV. Paris: Seuil, 1984. p.63-9.

BAUDELOT, C., CARTIER, M., DÉTREZ, C. *Et pourtant ils lisent...* Paris: Seuil, 1999.

BENITEZ, M. *La face cachée des Lumières*. Recherches sur les manuscrits philosophiques clandestins à l'âge classique. Paris: Universitas; Oxford: Voltaire Foundation, 1996.

BENJAMIN, W. L'oeuvre d'art à l'ère de sa reproductivité technique (1936). In: _____. *L'homme, le langage et la culture*. Essais. Paris: Denöel, Gonthier, 1971. p.137-81. [Ed. bras.: A obra de arte na era de sua reprodutividade. In: *Walter Benjamin, obras escolhidas*. Magia e técnica, arte e política. 7.ed. São Paulo: Brasiliense, 1994. p.165-96.]

BERRING, R. C. Future Librarians. In: BLOCH, H., HESSE, C. (Ed.) *Future Libraries*. Berkeley, Los Angeles, London: University of California Press, 1995. p.941-15.

BLAIR, A. *The Theatre of Nature*: Jean Bodin and Renaissance Science. Princeton: Princeton University Press, 1997.

BLAY, F. M. G. Una aventura caligráfica: Gabriel Altadell y su "De arte scribendi" (*ca.* 1468). *Scrittura e Civiltà*, v.XVII, p.203-70, 1994.

BLAY, F. M. G., LLAVATA, M. L. M. (Dir.) *Los muros tienen la palabra. Materiales para un historia de los graffiti*. SEMINARIO INTERNACIONAL DE ESTUDIOS SOBRE LA CULTURA ESCRITA, 1997. Valencia.

BLECUA, J. M. et al. (Ed.) *Filología e informática*. Nuevas tecnologías en los estudios filológicos. Bellaterra: Editorial Milenio, Universitat Autonoma de Barcelona, 1999.

BOLLACK, J. *L'Œdipe roi de Sophocle*. Le texte et ses interprétations. Lille: Presses Universitaires de Lille, 1990. t.1. Introduction, texte, traduction.

BOLTER, J. D. *Writing Space*: The Computer, Hypertext, and the History of Writing. Hillsdale, NJ: Lawrence Erlbaum Associates, 1991.

BORGES, J. L. Magias parciales del Quijote. In: \_\_\_\_\_. *Otras inquisiciones*. Madrid: Alianza Editorial, 1952.

\_\_\_\_\_. El Cogresso. In: \_\_\_\_\_. *El libro de arena*. Madrid: Alianza Editorial, 1977a. p.27-54.

\_\_\_\_\_. El libro de Arena. In: \_\_\_\_\_. *El libro de arena*. Madrid: Alianza Editorial, 1977b. p.130-7.

\_\_\_\_\_. El idioma analítico de John Wilkins. In: \_\_\_\_\_. *Otras inquisiciones*. Madrid: Alianza Editorial, 1997c. p.154-61.

\_\_\_\_\_. Nota sobre (hacia) Bernard Shaw. In: \_\_\_\_\_. *Otras inquisiciones*. Madrid: Alianza Editorial, 1997d. p.237-42.

\_\_\_\_\_. Utopía de un hombre que está cansado. In: \_\_\_\_\_. *El libro de arena*. Madrid: Alianza Editorial, 1977e. p.96-106.

\_\_\_\_\_. El libro. In: *Borges oral*. Madrid: Alianza Editorial, 1998.

BOTREL, J. F. Les aveugles colporteurs d'imprimés en Espagne. 1. La confrérie des aveugles de Madrid et la vente des imprimés du monopole à la liberté du commerce (1581-1836). 2. Les aveugles considérés comme massmédia. *Mélanges de la Casa de Velazques*, t.IX, p.417-82, 1973; t.X, p.233-71, 1974.

\_\_\_\_\_. *Libros, prensa y lectura en la España del siglo XIX*. Madrid: Fundación Germán Sánchez Ruipérez, 1993.

BOURDIEU, P. Une révolution conservatrice dans l'édition. *Actes de la Recherche en Sciences Sociales*, v.126/127, p.328, mars, 1999.

BOUZA, F. *Del escribano a la biblioteca*. La civilización escrita europea en la Alta Edad Moderna (siglos XVXVII). Madrid: Editorial Síntesis, 1992.

_____. ¿Para que imprimir? De autores, públicos, impresores y manuscritos en el Siglo de Oro. *Cuadernos de Historia Moderna*, v.18, p.31-50, 1997.

_____. *Imagen y propaganda*. Capítulos de historia cultural del reinado de Felipe II. Madrid: Akal, 1998. p.134-52.

_____. *Comunicación, conocimiento y memoria en la España de los siglos XVI y XVII*. Salamanca: Publicaciones del Semyr, 2000.

BOWERS, F. *Principles of Bibliographical Description* (1949). Winchester: St. Paul's Bibliographies; New Castle: Delaware, Oak Knoll Presse, 1994.

BRAIDA, L. Dall'almanacco all'agenda. Lo spazio per le osservazioni del lettore nelle "guide del tempo" italiane (XVIIIXIX secolo). *Acme. Annali della Facoltà di Lettere e Filosofia dell'Università degli Studi di Milano*, v.LI, fasc.III, p.137-67, 1998.

BRIAN, R. *Print Culture in Renaissance Italy*. The Editor and the Vernacular Text, 1470-1600. Cambridge: Cambridge University Press, 1994.

BRU, J. Messages éphémères. In: FABRE, D. *Écritures ordinaires*. Paris: POL, 1993. p.315-34.

BURBULES, N. C. Rhetorics of the Web: Hyperreading and Critical Literacy. In: SNYDER, I.

*Page of Screen*. Taking Literacy into Electronic Era. London, New York: Routledge, 1988. 102-22.

CANFORA, L. *La biblioteca scomparsa*. Palermo: Sellerio Editore, 1986. [Ed. franc.: *La véritable histoire de la bibliothèque d'Alexandrie*. Paris: Desjonquères, 1988a.]

_____. *A biblioteca desaparecida*. Histórias da biblioteca de Alexandria. 4.ed. São Paulo: Companhia das Letras, 1988b.

CAVALLO, G., CHARTIER, R. (Org.) *História da leitura no mundo ocidental*. Trad. Fulvia M. L. Moretto, Guacira Marcondes Machado, José Antonio de Macedo Soares. São Paulo: Ática, 1988. v.I, p.5-40.

CEBRÍAN, J. L. *La red*. Cómo cambiarán nuestras vidas los nuevos medios de comunicación. Madrid: Taurus, 1998.

CERTEAU, M. de. *Histoire et psychanalyse entre science et fiction*. Paris: Gallimard, 1987.

CERVANTES, M. de. *Don Quijote de la Mancha*. Francisco Rico (Dir.). Barcelona: Instituto Cervantes-Crítica, 1998.

CHARTIER, R. Du rituel au for privé: les chartes de mariage lyonnaises au XVII$^e$ siècle. _____. (Dir.) *Les usages de l'imprimé (XV$^e$-XIX$^e$ siècles)*. Paris: Fayard, 1987a. p.229-51.

_____. Livres et lecteurs dans la France d'Ancien Régime. Paris: Seuil, 1987b. [Ed. port.: Textos e edições: "literatura de cordel". In: *A história cultural entre práticas e representações*. Lisboa: Difel, 1988. p.165-87.]

CHARTIER, R. *A ordem dos livros*. Leitores, autores e bibliotecas na Europa entre os séculos XIV e XVIII. Trad. Mary Del Priore. Brasília: Editora da UnB, 1994a.

_____. Figuras de autor. In: _____. *A ordem dos livros*. Leitores, autores e bibliotecas na Europa entre os séculos XIV e XVIII. Trad. Mary del Priori. Brasília: Editora da UnB, 1994b. p.33-65.

_____. *Culture écrite et société*. L'ordre des livres (XIV$^e$-XVIII$^e$). Paris: Albin Michel, 1996a.

_____. Bibliothèques sans murs. In: _____. *Culture écrite et société*. L'ordre des livres (XIV$^e$-XVIII$^e$ siècles). Paris: Albin Michel, 1996b. p.107-31. [Ed. bras. Biblioteca sem muros. In: _____. *A ordem dos livros*. Leitores, autores e bibliotecas na Europa entre os séculos XIV e XVIII. Brasília: Editora da UnB, 1994. p.67-90.]

_____. *A aventura do livro*. Do leitor ao navegador. Conversações com Jean Lebrun. Trad. Reginaldo Carmello Correa de Moraes. São Paulo: Editora UNESP, 1998.

_____. *Plublishing Drama in Early Modern Europe*. The Panizzi Lectures, 1998, London: The British Library, 1999. p.62-8.

_____. As revoluções da leitura no Ocidente. In: ABREU, M. (Org.) *Leitura, história da leitura*. Campinas: Mercado de letras, Associação de Leitura do Brasil, 2000. p.19-31.

CLÉMENT, J. Le e-book estil le futur du livre? In: *Les savoirs déroutés. Experts, documents,* supports, règles, valeurs et réseaux numériques. Lyon: Presses de l'ENSSIB et Association DocForum, 2000. p.129-41.

CLOUD, R. The Very Names of the Persons: Editing and the Inventions and Dramatick Character. In: KASTAN, D. S., STALLYBRASS, P. (Ed.) *Staging the Renaissance*: Reinterpretation of Elizabethan and Jacobean Drama. New York, London: Routledge, 1991.

COMPAGNON, A. Un monde sans auteurs? In: MOLLIER, J.Y. (Dir.) *Où va le livre?* Paris: La Dispute, 2000. p.229-46.

CONDORCET. *Esquisse d'un tableau historique des progrès de l'esprit humain*. Paris: Flammarion, 1988.

DARNTON, R. The New Age of the Book. *The New York Review of Books*, 18 mars 1999, p.57.

_____. The Great Book Massacre. *The New York Review of Books*. New York, 26 abr. 2001, p.169.

_____. Presidential Address. An Early Information Society: News and the Media in Eighteenth-Century Paris. *The American Historical Review*, v.105, n.1, p.1-35, Feb. 2000. [*AHR* web page: www.indiana.edu/ahr/]

DAVIDSON, A. "Some by Stenography?" Stationers, Shorthand, and the Early Shakespearean Quartos. *The Paper of the Bibliographical Society of America*, v.90, n.4, p.417-49, 1996.

DE GRAZIA, M., STALLYBRASS, P. The Materiality of the Shakespearean Text. *Shakespeare Quarterly*, v.44, n.3, p.255-83, 1993.

DE LAS HERAS, R. *Navegar por la información*. Madrid: Los Libros de Fundesco, 1991.

DELCOURT T., PARINET, E. (Ed.) *La bibliothèque bleue et les littératures de colportage*. Paris: École des Chartes; Troyes: La Maison du Boulanger, 2000.

DONNAT, O. Le Français et la lecture: un bilan en demiteinte. *Cahiers de l'Économie du Livre*, n.3, p.57-70, mars 1990.

DONNAT, O., COGNEAU, D. *Pratiques culturelles des Français, 1973 1989*. Paris: Ministère de la Culture et de la Communication, La Découverte, La Documentation Française, 1990.

DOUGLAS, J. Y. Will the Most Reflexive Relativist Please Stand Up: Hypertext, Argument and Relativism. In: SNYDER, I. (Ed.) *Page to Screen*: Taking Literacy into Electronic Era. London, New York: Routledge, 1988. p.144-61.

DUMONTIER, F. SINGLY, F. de, THÉLOT, C. La lecture moins attractive qui'il y a vingt ans. *Economie et Statistique*, n.233, p.63-75, juin 1990.

DUVAL, G. *Littérature de colportage et imaginaire collectif en Angleterre à l'époque des Dicey (1700-v.1800)*. Bordeaux: Presses Universitaires de Bordeaux, 1991.

ECO, U. *La recherche de la langue parfaite*. Paris: Seuil, 1994.

ESCAPA, P. A. et al. El original de imprenta. In: RICO, F. (Dir.) *Imprenta y crítica textual en el Siglo de Oro*. Valladolid: Centro para la Edición de los Clásicos Españoles, 2000. p.29-64.

EVANGELISTE, C. "Libelli famosi": processi per scritte infamanti nella Bologna di fine '500. *Annali della Fondazione Einaudi*, v.XXVII, p.181-239, 1992.

FERREIRO, E. *Pasado y presente de los verbos leer y escribir*. México: Fondo de Cultura Económica, 2001.

FOX, A. Ballads, Libels, and Popular Ridicule in Jacobean England. *Past and Present*, v.145, p.47-83, 1994.

\_\_\_\_\_. *Oral and Literate Culture in England, 1500-1700*. Oxford: Oxford University Press, 2000.

FRAISSE, E. (Dir.) *Les étudiants et la lecture*. Paris: Presses Universitaires de France, 1993.

GASKELL, P. *A New Introduction to Bibliography*. Oxford: Clarendon Press, 1972.

GINSBURG, J. C. Copyright without Walls? Speculations on Literary Property in the Library of the Future. *Representations*, v.42, p.53-73, 1993.

GOLDGAR, A. *Impolite Learning*. Conduct and Community in the Republic of Letters, 1680-1750. New Haven, London: Yale University Press, 1995.

GOMEZ, A. C. *Escritura y escribientes*. Prácticas de la cultura escrita en una ciudad del Renascimiento. Las Palmas de Gran Canaria: Gobierno de Canarias, Fundación de Enseñansa Superior a Distancia, 1997.

\_\_\_\_\_. Del oído a la vista: espacios y formas de la publicidad del escrito (siglos XVXVI). In: RÁBANOS, J. M. S. (Coord.) *Pensamiento medieval hispano*. Homenaje a Horacio Santiago-Otero. Madrid: Consejo Superior de Investigaciones Científicas, 1998. p.473-96.

\_\_\_\_\_. Amanecieron en todas las partes públicas... Un viaje al país de las denuncias. In: \_\_\_\_\_. (Ed.) *Escribir y leer en el siglo de Cervantes*. Barcelona: Gedisa Editorial, 1999. 143-91.

GOYET, F. *Le "sublime" du lieu commun*. L'invention rhétorique à la Renaissance. Paris: Honoré Champion, 1996.

GRAFTON, A. *Les origines tragiques de l'érudition*. Une histoire de la note en bas de page. Paris: Seuil, 1998.

GRAFTON, A., JARDINE, E. Studied for Action: How Gabriel Harvey Read his Livy. *Past and Present*, v.129, p.30-78, 1990.

GREENBLATT, S. Textual Note. In: *Love's Labour's Lost, The Norton Shakespeare Based on the Oxford Edition*. New York, London: W. W. Norton & Company, 1997. p.733-802 (quotation, p.22).

_____. *Shakespearean Negotiations*: The Circulation of Social Energy in Renaissance England. Berkeley, Los Angeles: University of California Press, 1988.

GRUSIN, R. What is an Electronic Author? Theory and the Technological Fallacy. *Configurations*, v.3, p.469-83, 1994.

HÉBRARD, J. La lettre représentée. Les pratiques épistolaires populaires dans les récits de vie ouvriers et paysans. In: CHARTIER, R. (Dir.) *La correspondence*. Les usages de la lettre au XIXe siècle. Paris: Fayard, 1991. p.279-365.

_____. Des écritures exemplaires. L'art du maître écrivain en France entre XVIe et XVIIIe siècle. *Mélanges de l'École Française de Rome. Italie et Méditerranée*, t.107, v.2, p.473-523, 1995.

HILL, G. H. Ponctuation et dramaturgie chez Molière. PETIT, J. (Org.) *La bibliographie matérielle*. Paris: Editions du CNRS, 1983. (Apresentado por Roger Laufer, mesa-redonda organizada pelo CNRS por Jacques Petit).

HUNTER, G. K. The Marking of *Sententiae* in Elizabethan Printed Plays, Poems, and Romances. *The Library*, fifth series, v.VI, n.3/4, p.171-88, dec. 1951.

INFANTES, V. Los pliegos, sueltos poéticos: constitución tipográfica y contenido literário (1482-1600). In: \_\_\_\_\_. *En el Siglo de Oro*. Estudios y textos de literatura aurea. Potomac, Maryland: Scripta Humanistica, 1992. p.47-58.

JACOB, C. Lire pour écrire; navigations alexandrines. In: BARATIN, M., JACOB, C. (Dir.) *Le pouvoir des bibliothèques*. La mémoire des livres en Occident. Paris: Albin Michel, 1996. p.47-83.

\_\_\_\_\_. Ler para escrever: navegações alexandrinas. In: BARATIN, M., JACOB, C. (Dir.) *O poder das bibliotecas*. A memória dos livros no Ocidente. Rio de Janeiro: Editora UFRJ, 2000. p.45-73.

JASZI, P. On the Author Effect: Contemporary Copyright and Collective Creativity. In: WOODMANSEE, M., JASZI, P. (Ed.) *The Construction of Authorship*: Textual Appropriation in Law and Literature. Durham, London: Duke University Press, 1994. p.29-56.

JOUFFROYGAUJA, F., HAECHLER, J. Une lecture de l'*Encyclopédie*: trentecinq ans d'annotations par un souscripteur anonyme. *Revue Française d'Histoire du Livre*, v.96-97, p.329-76, 1997.

KANT, I. Beantwortung der Frage: Was ist Aufklärung? / Réponse à la question: Qu'estce que les Lumières? In: *Qu'estce que les Lumières?*

Seleção de textos, tradução, prefácio e notas de Jean Mondot. Saint-Etienne: Publications de l'Université de Saint-Etienne, 1991. p.71-86.

KLETZ, F. La lecture des étudiants en sciences humaines et sociales. *Cahiers de l'Économie du Livre*, n.7, p.5-57, 1992.

KOLB, D. Socrates in the Labyrinth. In: LANDOW, G. P. (Ed.) *Hyper/Text/Theory*. Baltimore, London: The Johns Hopkins University Press, 1994. p.323-44.

LANDOW, P. G. *Hypertext*: The Convergence of Contemporary Critical Theory and Technology. Baltimore, London: The Johns Hopkins University Press, 1992.

_____. *Hypertext 2.0 Being a Revised, Amplified Edition of Hypertext*: the Convergence of Contemporary Critical Theory and Technology. Baltimore, London: The Johns Hopkins University Press, 1997.

LAHIRE, B. *Les manières d'étudier*. Enquête 1994. Paris: La Documentation Française, 1977. p.101-51.(Avec la colaboration de Mathias Millet et Everest Pardell.)

LANHAM, R. A. *The Electronic World*: Democracy, Technology and the Arts. Chicago: University of Chicago Press, 1993.

LAS HERAS, A. R. de. *Navegar por la información*. Madrid: Los Libros de Fundesco, 1991. p.81-164.

LAUFER, R. Nouveaux outils, nouveaux problèmes. In: BARATIN, M., JACOB, C. (Dir.) *Le pouvoir des bibliothèques*. Paris: Albin Michel, 1996. p.174-85. [Ed. bras.: Novas ferramentas, novos problemas. In: *O poder das bibliotecas*. A memória do livro no Ocidente. Rio de Janeiro: Editora da UFRJ, 2000. p.155-81.]

LELOARER, P. Les substituts du livre: livres et encres électroniques. In: *Les savoirs déroutés. Experts, documents, supports, règles, valeurs et réseaux numériques.* Lyon: Presses de l'ENSSIB, Association Doc-Forum, 2000. p.111-28.

LOPE DE VEGA, *Fuente ovejuna*. Ed., prólogo y notas Donald McGrady. Barcelona: Crítica, 1993.

LOVE, H. *Scribal Publication in Seventeenth-Century* England. Oxford: Clarendon Press, 1993. [Reed. *The Culture and Commerce of Texts*. Scribal Publication in SeventeenthCentury England. Amherst: University of Massachusetts Press, 1998.]

LUCAS, P. J. *From Author to Audience*. John Capgrave and Medieval Publication. Dublin: University College Dublin Press, 1997.

MARCHESINI, D. *Il bisogno di scrivere*. Usi della scrittura nell'Italia moderna. Roma, Bari: Laterza, 1992.

MAROTTI, A. F. *Manuscript, Print, and the English Renaissance* Lyric. Ithaca, London: Cornell University Press, 1995.

MARTIN, H.J. Culture écrite et culture orale, culture savante et culture populaire dans la France d'Ancien Régime. *Journal des Savants*, juil.-déc. 1975. (Reimp. em MARTIN, H.-J. *Les livres français* sous l'Ancien Régime. Paris: Promodis, Éditions du Cercle de la Librairie, 1987.)

_____. *Les livres français sous l'Ancien Régime*. Paris: Promodis, Éditions du Cercle de la Librairie, 1987.

MARTIN, H.J. La naissance du livre moderne. Mise en page et mise en texte du livre français (XIV$^c$-XVII$^c$ siècles). Paris: Éditions du Cercle de la Librairie, 2000. (Avec la colaboration de Jean--Marc Chatelain, Isabelle Diu, Aude Le Dividich et Laurent Pinon).

MASTEN, J. Pressing Subjects or, The Secret Lives of Shakespeare's Compositors. In: MASTEN, J., STALLYBRASS, P., VICKERS, N. (Ed.) *Language Machines:* Technologies of Literary and Cultural Production. New York, London: Routledge, 1997.

MCKENZIE, D. F. *Bibliography and the Sociology of Texts.* The Panizzi Lectures, 1985. London: The British Library, 1986.

_____. SpeechManuscriptPrint. *Library Chronicle of the University of Texas at Austin*, v.20, p.86-109, 1990.

_____. La bibliographie et la sociologie des textes. Paris: Éditions du Cercle de la Librairie, 1991.

MELANÇON, B. *Sevigne@Internet*. Remarques sur le courrier électronique et la lettre. Montréal: Éditions Fides, 1996.

MERINO, S. G. La cuenta del original. In: RICO, F. (Dir.) *Imprenta y crítica textual en el Siglo de Oro.* Valladolid: Centro para la Edicón de los Clásicos Españoles, 2000. p.65-95.

MÉTAYER, C. De l'école au Palais de Justice. L'itinéraire singulier des maîtres écrivains de Paris (XVI$^c$-XVIII$^c$ siècles). *Annales ESC*, p.1217-37, 1990.

MÉTAYER, C. Humble métier et métier des humbles: l'écrivain public à Paris aux XVII$^e$-XVIII$^e$ siècles. *Scrittura e Civiltà*, v.XVIII, p.325-49, 1994.

_____. *Au tombeau des secrets*. Les écrivains publics du Paris populaire: Cimetière des SaintsInnocents XVI$^E$XVII$^E$ siècles. Paris: Albin Michel, 2000.

MORAN, C., HAWISHER,G. E. The Rhetorics and Languages of Electronic Mail. In: SNYDER, I. *Page to Screen*. Taking Literacy into Electronic Era. London, New York: Routledge, 1988.

MOSS, A. *Printed Commonplace-Books and the Structuring of Renaissance Thought*. Oxford: Clarendon Press, 1996.

MOUREAU, F. (Ed.) *De bonne main*. La communication manuscrite au XVIII$^e$ siècle. Paris: Universitas; Oxford: Voltaire Foundation, 1995.

MOXON, J. *Mechanick Exercises on the Whole Art of Printing (1683-1684)*. Ed. Herbert Davis, Harry Carter. London: Oxford Press, 1958.

NUNBERG, G. The Place of Books in the Age of Eletronic Reproduction. In: BLOCH, R. H., HESSE, C. (Dir.) *Future Libraries*. Berkeley: University of California Press, 1993. p.13-37.

_____. La langue des sciences dans les discours électronique. In: CHARTIER, R., CORSI, P. (Dir.) *Sciences et langues en Europe*. Paris: École des Hautes Études en Sciences Sociales, 1996.

O'DONNELL, J. J. *Avatars of the Words*: From Papyrus to Cyberspace. Cambridge, Mass., London: Harvard University Press, 1998.

PAREDES, A. V. de. *Institución y origen del arte de la*

*imprenta y reglas generales para los componedores*. Ed. e prólogo Jaime Moll. Madrid: El Crotalón, 1984.

PARENT, A. *Les métiers du livre à Paris au XVI<sup>e</sup> siècle (1535-1560)*. Genève: Droz, 1974.

PARKES, M. B. *Pause and Effect*: An Introduction to the History of Punctuation in the West. Berkeley, Los Angeles: University of California Press, 1993.

PEÑA, M. *Cataluña en el Renacimiento*: libros y lenguas (Barcelona, 1473-1600). Lleida: Editorial Milenio, 1996.

PETRUCCI, A. Il libro manoscritto. In: _____. *Letteratura italiana*. Turin: Einaudi, 1983. II: Produzione e consumo. p.499-52.

_____. *La scrittura*. Ideologia e rappresentazione. Turin: Einaudi, 1986a.

_____. Per una strategia della mediazione grafica nel Cinquecento italiano. *Archivo Storico Italiano*, v.I, p.97-112, 1986b.

_____. Scriviere per gli altri. *Scrittura e Civiltà*, v.XIII, p.475-87, 1989.

_____. Dalla minuta al manoscritto d'autore. Lo spazio letterario del Medioevo, I. Il Medioevo latino. In: CAVALLO, G., LEONARDI, C., MENESTO, E. (Ed.) *La produzione del texto*. Roma: Salerno Editrice, 1992. v.I, t.I. p.353-72.

PETRUCCI, A. *Le scritture ultime*. Ideologia della morte e strategie dello scrivere nella tradizione occidentale. Turin: Einaudi, 1995a.

PETRUCCI, A. Copisti e libri manoscritti dopo l'avvento della stampa. In: *Scribi e colofoni*. Le sottoscrizioni di copisti dalle origini all'avvento della stampa. ATTI DEL SEMINARIO DI ERICE X COLLOQUIO DEL COMITÉ INTERNATIONAL DE PALÉOGRAPHIE LATINE. 23-28 ottobre, 1993. A cura di Emma Condello e Giuseppe De Gregorio. Spoleto: Centro Italiano di Studi sull' Alto Medioevo, 1995b, p.507-25.

_____. *Writers and Readers in Medieval Italy*. Studies in the History of Written Culture. New Haven, London: Yale University Press, 1995c.

RASMUSSEN, A. À la recherche d'une langue internationale de la science 1880-1914. In: CHARTIER, R., CORSI, P. (Dir.) *Sciences et langues en Europe*. Paris: École des Hautes Études en Sciences Sociales, 1996. p.139-55.

RENARD, H., ROUET, F. L'économie du livre: de la croissance à la crise. In: FOUCHÉ, P. (Dir.) *L'édition française depuis 1945*. Paris: Éditions du Cercle de la Librairie, 1998. p.640-737.

RICHARDSON, B. *Print Culture in Renaissance Italy*. The Editor and the Vernacular Text, 1470-1600. Cambridge: Cambridge University Press, 1994.

RICO, F. La princeps del Lazarillo. Título, capitulación y epígrafes de un texto apócrifo. In: _____. *Problemas del Lazarillo*. Madrid: Cátedra, 1988.

_____. Quexana. *Euphrosyne, Revista de Filología Clásica*, v.XXII, p.431-9, 1994.

_____. História del texto. In: CERVANTES, M. de. *Don Quijote de la Mancha*. Barcelona: Intituto Cervantes, Crítica, 1998a.

RICO, F. La presente edición. In: CERVANTES, M. de. *Don Quijote de la Mancha*. Barcelona: Instituto Cervantes, Crítica, 1998b.

_____. Prólogo. CERVANTES SAAVEDRA M. de. *Don Quijote de la Mancha*. Nueva ed. anotada al cuidado de Silvia Iriso y Gonzalo Pontón. Barcelona: Galaxia Gutenberg, Círculo de Lectores, 1998c. p.929. (quotation, p.22).

_____. (Dir.) Imprenta y critica textual en el Siglo de Oro. Valladolid: Centro para la Edición de los Clásicos Españoles, 2000.

ROSE, M. *Authors and Owners*. The Invention of Copyright. Cambridge, Mass., London: Harvard University Press, 1993.

SHERMAN, W. *John Dee*. The Politics of Reading and Writing in the English Renaissance. Amherst: University of Massachusetts Press, 1995.

SINGLY, F. de. La jeunes et la lecture. *Les Dossiers Éducation et Formations*, Ministère de l'Éducation Nationale e de la Culture, Direction de l'Évaluation et de la Prospective, n.24, jan. 1993.

SNYDER, I. *Hypertext*: The Electronic Labyrinth. Melbourne, New York: Melbourne University Press, 1996.

SPUFFORD, M. *Small Books and Pleasant Histories*: Popular Fiction and its Readerships in Seventeenth-Century England. London: Methuen, 1981.

STALLYBRASS, P. Shakespeare, the Individual, and the Text. In: *Cultural Studies*. Ed. and introd. by Lawrence Grossberg, Cary Nelson, Paula A. Treichler. New York, London: Routledge, 1992. p.539-612.

TAPSCOTT, D. *The Digital Economy*. New York: McGraw-Hill, 1996.

TAYLOR, G. General Introduction. In: WELLS, S., TAYLOR, G. (Ed.) *William Shakespeare*. A Textual Companion. Oxford: Clarendon Press, 1987. p.168.

THOMAS M. W. Reading and Writing in the Renaissance Commonplace Book: A Question of Authorship? In: WOODMANSEE, M., JASZI, P. (Ed.) *The Construction of Authorship*. Textual Appropriation in Law and Literature. Durham, London: Duke University Press, 1994. p.401-15.

TROVATO, P. *Con ogni diligenza corretto*. La stampa e le revisioni editoriali dei testi letterari italiani (1470-1570). Bologna: Il Mulino, 1991.

_____. *L'ordini dei tipografi*. Lettori, stampatori, corretori tra Quatro e Cinquecento. Roma: s. n., 1998.

TYVAERT, J.E. (Ed.) *L'imparfait. Philologie életronique et assistance à l'interprétation des textes*. Actes des Journées Scientifiques 1999 du CIRLEP. Reims: Presses Universitaires de Reims, 2000.

VEGA, J. F. de la. *La communication scientifique à l'épreuve de l'Internet*. Villeurbanne: Presses de l'École Nationale Supérieure des Sciences de l'Information et des Bibliothèques, 2000.

VEYRINFORRER, J. Fabriquer un livre au XVIe siècle. In: CHARTIER, R., MARTIN, J. M. (Ed.) *Histoire de l'édition française*. Paris: Fayard, Cercle de la Librarie, 1989. t.I: Le conquérant. Du Moyen Age au milieu du XVIIe siècle.

VICO, G. *La scienza nuova*. Introduzione e note di Paolo Rossi. Milano: Biblioteca Universale Rizzoli, 1994.

_____. *La science nouvelle (1725)*. Paris: Gallimard, 1993.

WATT, T. *Cheap Print and Popular Piety, 1550-1640*. Cambridge: Cambridge University Press, 1991.

WOODMANSEE, M. *The Author, Art, and the Market*: Rereading the History of Aesthetics. New York: Columbia University Press, 1994.

WOUDHUYSEN, H. R. *Sir Philip Sidney and the Circulation of Manuscripts, 1558-1640*. Oxford: Clarendon Press, 1996.

ZILBERMAN, R. *Fim do livro, fim dos leitores?* São Paulo: Editora Senac, 2001.

SOBRE O LIVRO

*Formato*: 12 x 21 cm
*Mancha*: 19 x 40,5 paicas
*Tipologia*: Venetian 301 12,5/15
*Papel*: off-white 80 g/m² (miolo)
Cartão Supremo 250 g/m² (capa)
*1ª edição*: 2002

EQUIPE DE REALIZAÇÃO

*Edição de Texto*
Olivia Frade Zambone (Assistente Editorial)
Fábio Gonçalves (Preparação de Original)
Nelson Luís Barbosa, Ana Paula Castellani
e Janaína Estramaço (Revisão)

*Diagramação*
Vicente Pimenta